CONSUMER
EXPERIENCE

银行精益服务：
体验制胜

尼尔森公司
赵志宏 ◎合著

中国金融出版社

责任编辑：陈　翎
责任校对：潘　洁
责任印制：丁淮宾

图书在版编目（CIP）数据

银行精益服务（Yinhang Jingyi Fuwu）/尼尔森公司，赵志宏合
著.—北京：中国金融出版社，2015.7
　ISBN 978 - 7 - 5049 - 8059 - 5

　Ⅰ.①银…　Ⅱ.①尼…②赵…　Ⅲ.①银行—商业服务—中国
Ⅳ.①F832.1

　中国版本图书馆 CIP 数据核字（2015）第 181006 号

出版
发行　**中国金融出版社**

社址　北京市丰台区益泽路 2 号
市场开发部　（010)63266347，63805472，63439533（传真）
网 上 书 店　http://www.chinafph.com
　　　　　　（010)63286832，63365686（传真）
读者服务部　（010)66070833，62568380
邮编　100071
经销　新华书店
印刷　北京松源印刷有限公司
尺寸　169 毫米×239 毫米
印张　17
字数　216 千
版次　2015 年 7 月第 1 版
印次　2015 年 7 月第 1 次印刷
定价　42.00 元
ISBN 978 - 7 - 5049 - 8059 - 5/F.7619
如出现印装错误本社负责调换　联系电话（010)63263947

序

拥抱客户体验时代的到来

随着移动互联网技术的不断完善、发展和向各传统行业的渗透，人们的金融消费形态呈现日益多样化和个性化。最近 5 年，金融行业出现的新概念和新技术甚至超过过去 50 年的总和，思想的碰撞催化金融行业以前所未有的速度去思考、创新与变革。

在移动互联网时代，客观上要求传统行业必须变"价值链"的思维方式为以客户为中心的"价值环"思维方式，真正把"为客户创造价值和塑造超越竞争对手的客户体验"置于银行运转的核心和引擎位置，使之成为银行产品创新和流程优化的灵感源泉，亦成为银行产品创新和流程优化效果评估的归宿。

为了在颠覆自己的过程中实现持续快速成长，变革的关键在于用精益服务的思维方式去指导打造卓越客户体验。进行管理模式的变革，必将挑战银行现有的服务流程和成本控制。如何用精益理念去平衡客户的个性化需求与银行的标准化服务以及成本控制，也必然是银行业金融服务转型与创新中所面临的共同课题。在银行业实施精益服务势在必行，也完全可行。

尼尔森作为全球最大的市场研究公司，在全球超过 120 个国家开展市场研究业务。在过去十几年中，不论在欧美发达国家，还是在发展中国家，我们都看到有越来越多的客户开始和尼尔森讨论客户体验的话题，他们在关注客户体验的同时，更希望能够以合理的资源投入获得客户体验的切实提升，进而在商业竞争中处于优势。基于大量的商业案例和客户讨论，以及为了向全球客户提供高水平的客户体验研究，尼尔森打造了 CE（Consumer Experience）客户体验管理模型，把量化管理的思维方式引入客户的业务流程中，帮助客户系统打造卓越的客户体验。

银行是最重视客户体验的行业之一，中国银行业由于带有更多的历史包袱和受到更多传统思维方式的局限，以客户为中心的变革显得更为迫切但也更具有挑战性。一次偶然的机会，我和银行业的资深专家赵志宏先生一起畅谈精益服务和客户体验的话题，我们都觉得彼此对客户体验的理解、看问题的视角，以及双方的特长都具有很强的互补性。我们一致认为把精益理念、尼尔森全球经验和工具，以及中国银行业的特点和需求真正结合起来，沉淀为一本专注于银行精益服务的书籍，必将对整个行业有所启发和借鉴。

尼尔森为了完成本书组织了资深的团队，包括金融行业研究专家、客户体验专家、计量科学专家以及国际客户体验模型研发专家。团队借鉴了赵志宏先生的大量文章，并与赵志宏先生不断讨论互动，历时一年多的时间，最终形成本书。在撰写过程中，所有团队成员都不忘三个原则：理论上务必有高度和新意，阐述上务必与银行业特点融合，实践上务必提供足够能落地的工具。

客户体验是一个很大的话题，本书把客户体验理论、市场研究工

具和银行业实践相结合，算是一个探索的开始。希望未来与业界专家
有更多的讨论合作，相互促进、共同前行！

严　旋

尼尔森大中华区总裁

2015 年 7 月于上海

目　　录

第五章　银行精益服务与流程优化　179

前　言

欣赏差异——以银行精益服务塑造卓越客户体验

如今是 B2C 和 B2B 已经落伍、C2B 和 B4B 大行其道的因客创新时代。银行家应该学会欣赏差异，"因客制宜"提供实时智能精益服务。毋庸置疑，当前数字化信息技术的飞速发展，已经拉动人们的行为方式悄然改变。一是客户高度关注产品服务的社交评价，购买商品时阅读其他客户的评价已逐渐成为一种习惯，评价的好坏直接影响商家的销售业绩；二是个性化定制拉动柔性生产和跨界服务整合，这对生态系统内服务参与方的联动协同服务体验提出了更高的要求。事实上，在"互联网＋"的生态系统新时代，客户体验被有形化，能够看得见、摸得着地展现在客户面前，其强大影响性日益凸显。因此，客户体验已经日益成为银行业务的核心竞争力之一，如何以精益服务提供卓越甚或极致的客户体验，已经关乎银行的生存发展。

客户体验是从外部视角看待银行对客户提供的服务，以实现客户目标为前提，在实现并交付了高质量的产品服务功能基础上，更多关注客户的情感和整体感受。客户体验不同于用户体验，用户体验（User Experience，UE）是一种纯主观的，是用户在产品或服务交互过程中建立起来的感受，而客户体验既包含了用户体验，也包含在整体的客户生命周期中，产品、服务、系统、员工、品牌等多重因素带给客户的体验。良好的客户体验，广义上需要银行整合生态系统中商业合作伙伴的能力，提供实时智能的精益服务，包括诸多成熟宜用的科技系统，针对客户需求或问题的产品服务，以客户为本的服务精神以及丰富稳定的渠道接触点支持。

银行若想提供这种实时智能的精益服务，其战略转型的核心也必将客户置于中心位置，与客户实现良好的互动，以客户为本创新产品，带给客户超出预期的体验。但是银行的股东要求以可接受的成本"欣赏差异"，为此，领先银行需要基于"组件化业务模型""面向服务的架构"和"云技术"建设新一代信息系统，以标准化、组件化、参数化模式，实时智能响应差异化需求。其中要害在于组件化业务模型，具体包括流程模型、产品模型、数据模型、用户体验模型，其中流程模型体现创造价值的过程，产品模型体现创新和定制化制造，数据模型体现对业务信息的抽象，用户体验模型体现对外部客户、内部客户的友好程度和服务程度。只有融合客户体验、用户体验元素，运用科学的方法设计客户互动的业务流程，以及产生一致的、高效使用感受的界面设计，才能塑造卓越、极致的客户体验。事实上，这需要将业务流程设计和系统界面体验设计融为一体，这是关乎市场竞争力的大事，也是业务IT融合的难事。"天下大事必作于细，天下难事必作于易"，以银行精益服务塑造卓越客户体验可以分解为以下五个有密切相关性的切入点：

其一，通过业务模型综合分析业务需求，改进客户服务满意度。

业务模型支持从用户视角业务领域入手，将用户的问题和需求快速定位到业务模型中，然后通过提升流程能力带来业务改进和客户满意。我们以业务流程为主线，融合客户体验、用户体验元素，重新思考客户与银行在未来的互动方式，运用科学的方法设计客户互动，将客户行为分析、使用者体验等都融入业务流程的设计中。例如，实现对公多渠道统一签约服务，改善了客户体验相关的流程能力：

● 客户可随时发起签约申请：通过标准化、电子化签约，减少客户与银行的沟通成本及往返银行网点的时间及交通成本。

● 客户无须重复提交证明资料：实现多渠道客户信息共享和联动维护，通过共享客户信息，签约时可直接调用客户信息。

● 客户可以灵活选择各种不同的签约方式：实现统一与灵活相结合的签约流程，客户可通过多种方式获取介质。

● 客户可一次签约多个产品和渠道：客户可在一份合同中签约多个产品和渠道，减少重复签约。

其二，通过使用标准化的业务流程，快速满足客户变化的需求。

业务流程中将渠道、产品和客户这些引起变化的因素剥离出来定义为变化因子，流程因此具有了很大的灵活性。流程在企业级别进行了标准化之后，不断细分的客户分类，只需匹配相对应的业务规则，就可以为客户带来差异化的服务。同时，一个标准化的流程将支持多个现有渠道及未来的新兴渠道；每当银行需要引进新的渠道时，我们可以很快并且较容易地调整业务规则以适应新的需求。另外，经过标准化的流程可以支持多个可售产品，所有的产品条件从流程中剥离出来并存储在产品模型中，当有新的产品引入时，银行将在产品工厂中定义产品，使得银行可以快速推出新的产品。

其三，通过细化角色和责任，更好地为客户提供跨部门、跨界协同的服务。

运用业务模型，可从企业级的视角对银行业务流程体系进行整合优化，形成全行业务经营管理的统一视图。并根据角色划分任务，清晰界定每个业务活动中各个角色的工作内容和职责，形成全行统一的业务角色视图。这有利于明确细化各部门在业务流程和制度管控中的职责边界，减少传统的部门级和条线化管理模式下跨部门流程节点的多头管理或管理真空现象，实现以客户为中心的部门弹性边界和动态组织资源，使劳动组合效率整体大于部分之和。通过业务模型中特定功能模块借助于 API 与生态系统中的众多协同服务参与者 APP 对接，还有利于为客户的连续或综合需求提供无缝链接的跨界整合服务。

其四，通过整合不同渠道的业务流程，提供多渠道感受一致的服务。

对于原本分散发展的各类客户服务渠道，通过业务模型有效识别出客户渠道需求和服务内容的真实差异，可有效提高同类型业务在不同渠道上的业务一致性，并基于便利的原则，将纷纭复杂的渠道功能重新整合。基于不同渠道特殊的交互方式，设计不同的交互界面以满足客户体验的友好交互需求，但在不同渠道的不同交互方式下，又通过标准化的业务流程为客户提供感受一致的服务。

其五，通过构建用户体验界面模型，为用户提供感受一致的、易用好用的使用体验。

用户体验建模通过统一用户界面框架与标准，完善界面设计，改变过去各竖井式系统界面风格迥异、操作复杂、用户体验较差的窘境，降低客户因操作多风格系统界面徒增的学习成本。通过统一系统登录、统一框架和操作模式、统一内容交互模式，提升工作效率，降低操作失误率，提升用户满意度。

体验设计要把客户想象成很忙的人，避免客户置身迷宫、眼神飘忽、无所适从，高手对设计标准驾轻就熟、化繁为简、交互流畅，方便客户轻松搞定；新手就不宜自由发挥，应按用户体验模型和界面设计标准设计，毕竟标准整理了客户体验需求和高手的设计经验。以企业网银框架模型为例，设计出的界面不仅应带给客户一致的、简约的、美观的视觉感受，同时应使客户享受到更高效、亲和的使用体验：

- 通过新功能蒙版演示、功能视图的设计，方便客户了解、使用系统功能。
- 通过小工具、步骤引导栏的设计，给予客户有效的辅助操作。
- 通过智能化输入方式，减轻客户操作负担。
- 通过图表交叉展示，提高客户信息获得效率。
- 通过轻量化界面风格设计，降低客户心理负担，减少视觉阻力。
- 通过弹性标准、客户视觉引导页面布局，减少客户视觉焦点移动。
- 通过框架、模式、布局、组件命名多维度模块设计管理，在降低界面设计工作难度的同时，提供一致的使用感受。
- 通过广告区、新品营销的设计，方便向客户推送产品信息。
- 通过框架、模式、布局、组件、交互与视觉的统一化，为未来跨平台的客户体验统一建立基础。

● 通过在框架需求中融合境内外专家意见，为客户提供境内外一致的企业级体验。

综上所述，"欣赏差异"并非要因循守旧，沿袭过往的高成本、低效率的"竖井式"方法适应差异化需求，读者从上文五个切入点可以看出其相关性所在。业务模型就像数学中的"最大公约数"，是业务IT融合实现精益服务，塑造卓越客户体验的关键驱动因素，也是在"互联网＋"衍生的生态系统新时代提高投入产出效率的核心要害。一方面，银行家可以借助业务模型"承上启下"，"承上"即承接整合客户需求，"启下"即驱动IT开发，依托于组件化业务模型的新一代信息系统在融入"互联网＋"的快速灵活程度和投入产出效率上必然优于竖井式系统。另一方面，银行家可以基于客户之声调查和精益六西格玛方法进行数据挖掘和流程挖掘，提高产品创新和流程优化效率。这里特别强调的是，银行家要避免陷入概念炒作和空耗成本，客户之声调查在D时代并未落伍，大数据分析也无法单独发挥作用，二者都需要与流程分析相结合才能创造价值，以客户之声驱动的精益六西格玛是数据挖掘和流程挖掘创造价值的成熟方法。笔者的上述认识来自大量业务实践体会，也得益于与尼尔森公司几位专家多次合作的讨论。本书内容源自对笔者一些阐述以及尼尔森公司专家从业经验的整理，不代表笔者现在以及曾经任职机构的观点，希望以此抛砖引玉，引发业界人士的进一步讨论。

赵志宏

2015 年春于北京丰汇园

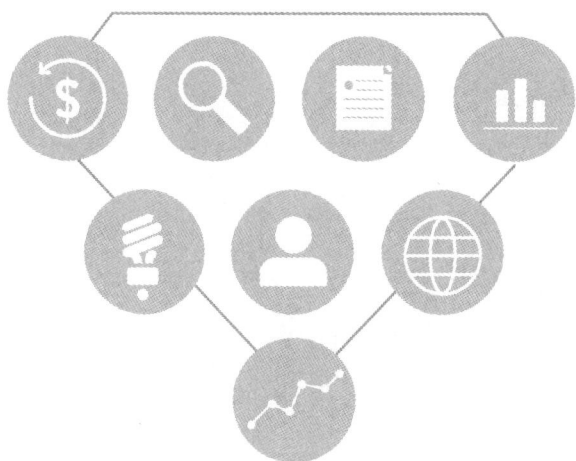

第一章

银行精益服务时代来临

精益服务将主导快速、简捷经济时代。快速、简捷的经济时代也是服务精益化的时代。服务是在认识和适应客户需求规律基础上的价值创造活动，精益服务就是要在可控的成本下，主动、精准、便捷地为客户提供更有价值的服务。银行业的精益服务理当如此。

第一节　银行业精益服务时代到来

金融业正以前所未有的速度和规模渗入现代人的生活。虽然银行服务水平在逐年提升，但客户对服务的需求也越来越多样化。此时，再用"一刀切"的方式去服务所有客户，显然难以被客户认可，提供个性化服务已然提上日程，但个性化服务必将挑战银行现有的服务流程和成本控制。

在当今金融业风云变化、机遇和挑战并存的关键节点上，如何用精益理念去平衡客户的个性化需求与银行的标准化服务以及成本控制，是银行业金融服务转型与创新中所面临的共同课题。

一、服务精神欠缺依然是我国银行业久治不愈的内伤

在我国，银行经营大致经历了"等客上门办理—形象定位规范—产品与渠道创新"等发展阶段。与此同时，银行业的经营战略和服务理念也经历了"以银行为中心→以产品为中心→以客户为中心"的演变过程。

服务作为商业银行的基本职能，决定着商业银行的经营理念、管理文化和服务行为。商业银行的其他职能如信用中介、支付中介、信用创造以及促进调节社会经济生活等，无不基于商业银行的金融服务职能。

商业银行的服务水平和质量，直接体现着一个国家金融业的现实服务能力，也是该国核心竞争力的重要体现。那么，当今中国银行业

的整体服务水平和质量又是一个什么样的状况呢?

1. 我国商业银行整体服务质量依然有待提高

虽然目前大部分商业银行都已经非常重视服务,甚至已通过建立服务规范和把服务计入考核等方式,努力提升服务水平,但从目前商业银行的服务现状来看,仍有较大的提升空间。

首先,重视了窗口,却忽视了衔接。

重视窗口而忽视衔接的具体表现就是,作为商业银行的日常经营活动,比较重视窗口柜员的服务态度,但对银行整体协作效率重视不够,导致前中后台各个环节的衔接不够紧密。

在实际工作中,但凡提到优化服务,就会有很多银行在员工的服务语言、仪表仪容方面下工夫,如"三声服务"(来有迎声,问有答声,走有送声)、微笑服务、站立迎宾服务、柜员挂牌服务、限时服务、用语和忌语服务等。然而,很多服务中的问题并不完全是窗口造成的,而是因为各工种之间存在断档,比如客户等待时间过长的问题。一笔业务占用窗口的时间并不完全取决于柜员自身的业务素质,因为大部分业务柜员都只有特定的权限去办理一笔业务,整个业务的完成还需要后台人员和技术层面的协助和支持。

其次,注重浅层次的服务,缺乏对客户需求的深度把握。

就服务管理而言,银行管理层更关注服务的态度和速度,关注客户投诉率的降低,而对客户的真正需求却重视不够,对客户投诉的背后原因分析不够充分,对市场变化的反应速度不够快。

以客户投诉为例,由于很多银行把客户投诉率降低作为硬指标进行考核,导致分行和相关部门倾向通过设置投诉障碍和遗漏投诉记录来实现考核达标,却没有把客户投诉信息真正变成宝贵资源进行分析利用,并及时发现服务短板,切实提升服务水平。

最后,缺乏弹性服务渠道和流程,依然是目前银行服务的主要瓶颈。

服务渠道和流程缺乏弹性的直接表现就是无法满足客户的个性化需求。目前很多商业银行的业务流程依然带有明显的部门银行痕迹，如纵向上按行政区划及级别设置机构，横向上按照业务、产品分类设置部门，而不是依据市场、客户和效益设立机构。这就容易造成重复劳动，效率低下，不能给客户提供满意服务，也就无法从根本上满足市场竞争的需要。

2. 树立真正"以顾客为中心"的服务精神依然任重道远

相对于比较直观的服务质量而言，服务理念是深层次的观念问题，它体现并影响着日常服务的方方面面。当前中国银行业的服务理念整体上还有很大的提升空间。

一是还没有完全理顺服务的逻辑层次，基础工作不够扎实。如果我们把服务分为五层——便利、高效、尊重、规范和一致，那么现在银行所做的工作主要集中在"规范"上，而更基础性的服务满足如便利性、高效率和真正的客户尊重有时却不达标。

现在各银行都有很严格的服务规范，但服务行业的规律是只有做好较基础层次的工作，才能做好较高层次的工作。比如，在服务过程中若对顾客的"尊重"没有实现，即使工作做得再"规范"也是没有用的。在内心深处若没有做到"尊重"，员工在服务时微笑也是形式化的、机械的，无法让客户真正感受到尊重，更无法凸显规范的初衷。所以，银行服务首先要做好基础工作。

二是没有真正理解服务的广泛内涵，不能只把态度叫做服务。服务涉及的内涵十分广泛，所以当询问顾客"服务是什么的时候"，得到的答案可能都是不同的。银行服务同样有着极为广泛的内涵。银行服务中的每一个环节都可能被人们归结为服务问题。所以，在银行业，不只态度叫做服务，每一个环节都是服务。

顾客不仅认为前台的服务效率、态度是服务,还会把与银行的每一个接触体验都归结为服务,包括服务网点的便捷性、门面的档次感、前台监控设施的完备性、门面空间大小、门面中的服务信息、咨询问题时得到答案的及时性与丰富性、辅助设备的运行稳定性等。

三是缺乏深层次的服务精神。在国内一些银行的营业网点,大家常常会看到一些典型例子,比如饮水问题。大厅里放有饮水机,但是在顾客难以接触到的地方;在能接触到的地方,却没有杯子;有杯子了,却没有水。虽然事小,却反映出了银行深层次服务精神的缺失。

服务精神是什么?是真正把握服务和规范的精髓,以真诚的心为客户服务,必要时做些变通和灵活处理也未尝不可,绝非局限于形式和条文。比如,有银行规定"不办理业务的闲杂人等不能在大厅逗留超过5分钟"。于是在一场大雨面前,就有银行员工(如保安)为了"执行规定"而驱赶避雨的一对母女,结果被舆论声讨,以至于被迫公开道歉。与此相反,同样在大雨面前,一家银行的一名员工却因为热心招待一位前来避雨的老年人而意外获得一大笔存款业务,并因此成为年度业务标兵。这都是真实发生的案例,在贯彻服务精神面前,孰高孰低,立见分晓。

二、精益服务是我国银行服务理念发展的必然选择

随着我国银行业经营战略和服务理念的演变,我国银行业的服务重点也大致经历了三个发展阶段:先是业务保障服务阶段,后是人性化服务阶段,现在是精益化服务阶段(如图1-1所示)。只是,银行业与大多数行业一样,对第二阶段、第三阶段的服务形态的接受过程并非一帆风顺。

传统的银行服务大多属于业务保障服务,也即那些为了保障产品/业务进行正常交付或交付后正常运行,化解客户疑问而存在的一些服务。在业务保障服务模式下,服务通常被界定为纯成本,以至于很多

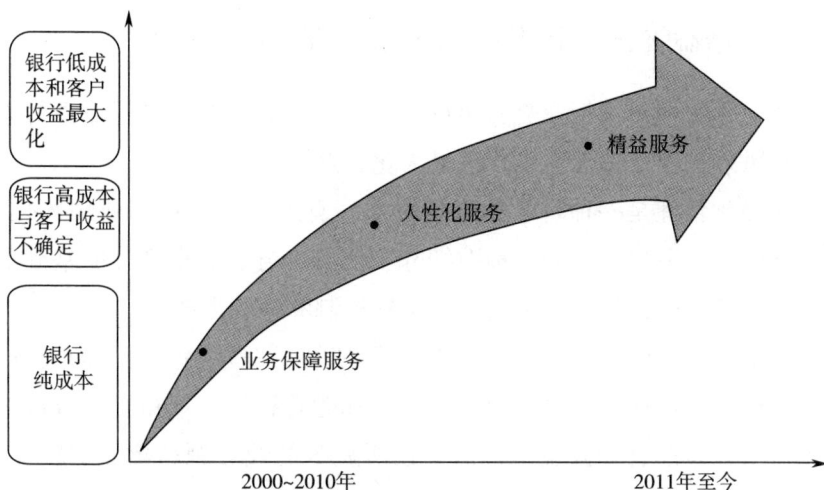

图 1-1 我国银行服务水平的演化进程

企业（特别是制造业）就试图通过提升产品品质或（售后）服务外包等方式，以减少这种不能增加客户价值的服务。

但随着竞争的加剧，很多企业开始用客户满意度来衡量产品与服务质量，甚至将服务领先作为重要的经营与竞争战略。但在这个过程中，多数企业只是试图通过让业务保障服务更加人性化来提升服务价值，其结果往往是企业为客户进行了大量的价值让渡，然而却看不到客户满意度提升对于企业经营带来的显著推动。

这样一来，似乎意味着企业需要在客户化（或差异化）和低成本之间作出一个痛苦的选择。银行业面临同样的困惑。正是在这样的大背景下，精益服务被提上日程。

通过图 1-1 不难看出，相对于业务保障服务和人性化服务，精益服务能有效地实现银行低成本和客户收益最大化的平衡，让银行避免了业务保障服务中出现的纯成本付出的压力，也让银行避免了人性化服务中出现的银行高成本付出与客户受益不确定的尴尬。

三、精益服务是我国银行精细化管理的核心内容

精细化管理对银行业克服粗放经营、运用数据技术进行业务管理、成本和风险控制，进而实现价值最大化，意义重大。

精细化管理是一种科学的管理方式，有助于推动银行业集约化和规模化生产，在目标细分、标准细分、任务细分、流程细分的基础上，有助于实施精确计划、精确决策、精确控制和精确考核。

精细化管理的最大特点就是把管理对象逐一分解，量化为具体的数字、程序、责任，使每一项工作内容都能看得见、摸得着、说得准，使每一项工作都有专人负责，从而在所从事的业务领域建立比较优势和竞争力。

精细化管理通过细分工作目标、工作标准、工作任务、工作流程，对决策、控制、考核过程进行精确量化，体现出"任务到人、责任到人、按绩效取酬"的分配原则。相对而言，粗放式管理只能提出整体工作目标，对实现这个目标却缺少科学计划、有效激励，其分配形式体现的是经营管理的"大锅饭"，常常表现为定性管理。

推行精细化管理可以使金融结构更好地满足市场竞争和外部监管需要。粗放式管理已不能适应当前的市场竞争。经济全球一体化，我国商业银行股份制改革步伐的加快、市场竞争的多元化等，客观上要求商业银行必须实行精细化管理，进行管理模式的彻底变革。此外，外部监管日趋严格、规范，商业银行必须改变粗放管理的模式，通过不断摸索和实践，实现向精细化管理的过渡。

推行精细化管理是银行业做大做强的必由之路。商业银行的最终经营目标是实现效益最大化。银行机构为了获取最大收益，需要用准确的数字来衡量经营状况，如资产回报率、业务收入、经营成本和利润都需要依靠精细化管理来实现。

同时，商业银行要保持业务领先和竞争优势，不仅需要对发展目

标和战略规划进行科学系统的分解落实，更需要通过精细化管理和提升执行能力来支撑。市场竞争的层次和内涵决定了单凭经验管理已不能适应市场要求，严峻的市场形势要求银行必须创新管理方式。

在这一背景下，服务精细化也就成为银行精细化管理的核心内容，因为银行机构只有以低成本高回报为目标，努力做到服务管理的精益化和服务过程的精益化，从服务价值的研发、供给到交付，尽可能降低甚至避免浪费，才能实现"以尽可能少的投入获得尽可能多的回报，并最大限度地满足客户需求"这一双赢结果。

所以，服务管理的精细化意味着客户管理的精确化和数据化（如借助数据库实现客户细分），客户需求管理的量化和科学化（如借助大数据有效管理并干预客户预期），严格围绕客户需求进行服务产品研发和服务流程优化，避免无的放矢、随意决策。

而服务过程的精益化意味着银行机构必须以客户为中心，为客户提供最优体验，在整个服务价值的传递过程中，通过构建银行服务持续提升的长效机制，努力提高客户满意度。

所以，服务过程的精益化意味着，始终以客户为中心，持续深入地听取客户声音，从品牌、客户、产品、渠道、流程、技术和组织环境等方面入手，借助大众化服务定制、工厂化产品供给、关键触点管理以及信息化建设等服务创新，持续满足客户不断变化的需求。

四、互联网技术革新加速了银行精益服务的到来

新技术延展了银行服务半径，也为精益服务提供了技术保证和全新工具。这其中尤以互联网技术最为明显。1995年以来，互联网成为最早影响银行运作模式的新技术。

随着智能手机、3G/4G网络、WIFI技术的出现和普及，它们已经成为第二批影响银行运作模式的新技术。比如，随着智能手机主导手机市场，NFC（近距离无线通信技术）模式的手机支付总额有望超过

信用卡支付总额；根据预测，全球范围内通过手机的 P2P 支付超过现金支付已不是遥遥无期；甚至在一些国家，网络银行的盈利超过网点盈利已经没有悬念。

与此同时，银行需要更加全面、深刻地理解当今客户对银行服务的价值诉求，银行业的金融消费行为也将经历三个发展阶段（如图 1 - 2 所示）。

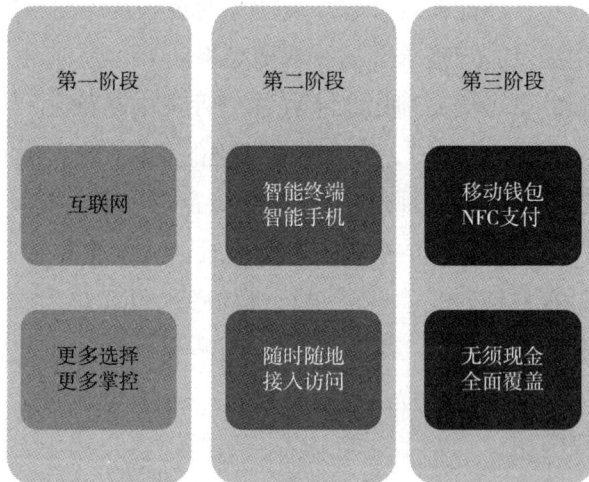

```
第一阶段          第二阶段          第三阶段

互联网          智能终端          移动钱包
               智能手机          NFC支付

更多选择        随时随地          无须现金
更多掌控        接入访问          全面覆盖
```

图 1 - 2　网络时代银行业金融消费行为的三个发展阶段

第一阶段：这个阶段伴随互联网一同形成和发展。10 年前，可能 50% ~ 60% 的客户交易是以现金或支票的形式在网点完成，而如今，相当大比例的客户交易是通过互联网、电话中心、ATM 等自助渠道完成的。

第二阶段：目前正处于这个阶段。平板电脑与智能手机（例如 iPad、iPhone、使用 Android 系统的智能手机等）驱动了移动银行的发展。除了不能实实在在地存、取现金，客户可以利用自己的手机完成所有以往需要在 ATM 上操作的交易。

第三阶段：即将到来，其标志将是移动支付的广泛应用。目前基于近距离无线通信技术（NFC）的手机钱包以及储值卡小额支付模式已经存在，可以预见这种模式会快速扩散。香港八达通卡、韩国 T - money、日本 Edy 与 Suica 的成功已经证明：只要提供一种能够被操作者和设备制造商普遍采纳的技术标准，电子货币会快速并且彻底消除消费者对现金的需求。

总之，在互联网技术不断完善和发展中，人们的金融消费形态正呈现出日益的多样性和个性化，新技术与消费行为正相互激荡前行。相同类型的客户将越来越少，银行必须进一步钻研和了解客户需求和购买行为的细分，实施精益服务势在必行，也完全可行。

可以预见，金融领域将发生一场彻底的互联网革命。在此前提下，精益服务必然愈加重要。这是因为互联网导致的客户需求多样化更加呼唤精益服务，同时技术创新也为精益服务提供了无限可能。

第二节　银行精益服务的内涵

精益服务倡导更主动、更精准和更高的投入产出效率，通过动态组织资源快速响应客户需求变化，提高价值创造能力。精益服务追求的"减少浪费、提升效率、优化投入产出"在改善银行服务方面有广阔的应用前景。

有一点很重要，那就是：精益服务永无止境！

一、银行精益服务的内涵、构成要素和构成体系

精益服务是精益生产理念在服务业的创造性应用，是一种贯穿于服务运营全过程的经营理念，比如客户关系管理环节、产品研发环节、渠道整合环节以及流程优化环节等。

1. 银行精益服务的内涵

说到精益理念，可以用几个成语通俗表述就是"精益求精""事半功倍""多快好省"。不过现代经营意义上的精益理念却诞生于日本。最早将精益理念发扬光大的是日本制造业，尤以"丰田模式"为代表。

20世纪80~90年代，一批欧美专家在美国麻省理工学院国际汽车研究项目的支持下，通过深入观察、分析日本汽车产业，特别是丰田公司的成功管理实践，总结出一套精益生产方式，即以尽可能少的投入（比如较少的人力、较少的设备、较短的时间和较小的场地），创造出尽可能多的价值。

与当时欧美汽车企业普遍采用的大规模生产方式相比，日本汽车业的精益生产在消除浪费、节省成本、提高效率等方面具有显著优势。比如丰田汽车，每部车的平均总装时间为19小时，而美国厂商需要27小时，欧洲厂商需要36小时。于是，丰田迅速成为汽车业及其他制造业学习的标杆。

由此可见，在精益理念中，"精"就是少而精，所有生产活动都不投入任何多余的生产要素，而"益"就是所有经营活动都必须有效益。所以精益理念的核心就是"仅在需要的时间，按照需要的量，生产所需的产品或提供所需的服务"，尽可能减少浪费，提升效率，优化投入产出比。

20世纪90年代中后期，精益生产理念已经扩展到机械、电子、消费品，以至航空、航天、造船等行业。随后，精益理念作为一种普遍管理哲学，开始向各个行业扩散，陆续出现了精益建筑、精益软件开发、精益物流、精益医疗、精益政府等概念。

发展至今日，精益理念的内涵更加丰富，主要包含杜绝浪费、优化成本、提升效率、向顾客传递更多价值以及改善顾客关系等。在服务业，精益理念集中体现在"精益服务"这一概念上。只是服务行业的精益理念格外重视服务流程优化及其背后的价值流动管理。

在服务业，精益服务的核心内涵就是真正的客户化、低成本高效率和高灵活性。具体来讲，就是切实以客户为中心，找出并消除服务流程中浪费的部分，通过流程优化，有效控制经营活动，快速响应并满足客户需求，从而全面优化成本，消除浪费，拓宽效益空间，并最终实现客户满意。

正因为精益服务理念与金融业近些年来大力倡导的"以客户为中心"的经营理念不谋而合，所以目前诸多国内外知名银行已经导入、推广"精益"思想。在国外实践比较成熟的有花旗银行、美国银行、汇丰银行等。在国内，早在 2006 年，某全国知名国有银行就从美国银行引入精益六西格玛方法技术，并在全行范围推进精益六西格玛流程优化项目。目前部分全国领先的全国性股份制商业银行，也都通过多种方式开始探索如何把精益思想引入银行业的实践中来。

2. 银行精益服务的构成要素

精益服务以杜绝浪费、优化成本、拓宽效益为管理目标，以真正的客户化、低本高效和高灵活性为特点，以精益思想"五项实践原则"（即确定顾客价值、识别价值流、流动、拉动和尽善尽美）为改进导向，以实现顾客价值为根本动力。就银行精益服务而言，应主要围绕以下服务要素展开。

（1）顾客要素

顾客要素也即客户要素。不管是银行业，还是其他服务业，在精益服务理念之下，顾客永远都被放在首要位置。

明确顾客需求是精益服务的起始点。从精益服务的五项实践原则就可以看出，"确定顾客价值"是整个服务活动的开始。这是因为，在服务中顾客既是消费者也是生产者，其双重角色要求服务企业在精益改进中不仅要关注顾客的产出需求，更要关注顾客的过程需求。

在顾客要素中，顾客满意度是衡量精益服务改进效果的重要指标。顾客在消费过程中所投入的时间、金钱、精力等成本因素，以及在消费过程中的情感满足等体验因素，都直接与满意度相关，应作为精益服务的过程产出加以对待，这些也将是今后银行精益服务中针对顾客要素的关注重点。

（2）*产品要素*

精益服务是将精益理念作为一种经营与服务战略应用到服务业，属于大服务概念。银行产品实质上是银行所提供的金融解决方案，因此作为服务输出的载体——产品，也必然是"精益服务"的核心要素。这一点不同于传统意义上的服务与产品的并列关系，抑或是大产品概念之下的那种包含关系（即服务也是一种产品）。

银行机构提供什么样的产品以及能否提供优质的产品，进而进行持续的产品创新以满足市场需求，从根本上决定着客户服务价值的实现程度。因此，拥有强大的产品供给和创新能力，是商业银行转变竞争发展方式以及持续提高综合服务能力的重要内容，更是银行机构从实施精益服务战略中获取竞争优势不可或缺的核心能力。

在精益服务理念中，"产品服务化，服务产品化"将是未来银行产品创新的重要指导思想。

（3）*流程要素*

流程是银行向顾客传递价值的通道，也是银行精益服务的改进重点。精益服务首先应树立顾客导向思想，围绕顾客需求来区分价值与浪费，设计运营流程，对操作程序进行标准化改造。利用价值流图和问题分析，对当前流程进行评估，消除浪费环节，对整个系统进行改进和整合，对影响服务效率和效果的关键环节进行优化。

银行精益服务的关键在于提高效率，而流程则直接事关效率。所以针对流程要素的精益服务改进，主要体现在服务流程的畅通和简化以及工作时间的压缩这两个方面。

比如，顾客的过长等待时间是服务浪费的主要形式，而问题往往产生在流程设计中，此时精益服务改进的重点就是面向顾客的服务流程和企业内部的协调流程这两个方面。

（4）渠道要素

渠道提供顾客获取服务的环境和方式，既是人员服务的平台，也是顾客消费的平台。在精益服务理念中，必须以客户为中心，认识到所有渠道都是客户服务的触点，来自所有渠道的综合体验共同构成了客户对银行服务水平的整体评价。

因此，银行需要辨别与顾客的所有服务触点，站在顾客的角度重新系统评价这些触点，在充分了解客户需求与感知的基础上，对客户服务的所有接触点进行精细化管理。其主要工作就是通过服务流程，辨别、理解并管理优化各个顾客接触点，最终为顾客提供更加便利、高效、舒适的服务平台。

（5）员工要素

员工是银行最重要的资产。服务人员对顾客产生的影响和交互作用，将直接影响顾客对银行服务价值的最终感知。实践表明，服务人员的行为表现通常要比硬件和环境要素对顾客体验的影响更大。所以，在银行精益服务中，员工被认为是重要的构成要素，在精益服务的改进和实践中发挥着至关重要的作用。

银行员工本身还呈现出非常重要的文化性，是企业文化的重要载体。所以，银行机构应当把精益服务作为一种更先进的企业文化看待，借助对精益服务理念的推广和实践，加强精益服务文化建设。

（6）技术要素

在某种意义上，未来的银行就是"做金融的 IT 机构"。就银行业的发展趋势而言，信息技术将毫无悬念地成为未来银行实现精益服务的重要支撑要素，尤其是在产品创新、流程优化、渠道整合的服务精益化过程中，信息化建设至关重要。

以上六大要素形成了一种"4＋2"的关系。四个关键要素即顾客、产品、流程、渠道相对独立，本书将在后面拿出四个章节进行专门论述。由于人员要素在精益服务中通常与渠道要素融合在一起，所以本书把人员要素作为渠道要素的重要组成部分对待，不再单独论述。同样，由于技术要素通常与产品要素尤其是流程要素深度融合，所以本书也不再把它作为一个独立要素加以论述，而是放到流程要素部分加以阐述。

3. 银行精益服务的构成体系

作为一种经营理念和管理机制，运转良好的精益服务战略通常包含着明确的目标体系和完善的运营体系。

（1）精益服务的目标体系

为了不断满足顾客需求，留住顾客，提升企业利润，精益服务必须能够很好地实现以下三个子目标[1]：高顾客服务价值，高效率，低成本。

高顾客服务价值是精益服务三个子目标中最基本的一个，是首先要达到的目标。企业只有提高顾客服务价值，顾客才会继续留下。

精益服务的高效率体现为服务价值的高效供给和实现：一是高效便捷地提供服务，并实现真正的客户化；二是对服务中出现的问题（如客户需求）能做出快速反应。

企业要盈利，必须严格控制成本。控制成本一方面能增加企业盈利，另一方面能使企业有更多的资源回馈顾客，进一步增强竞争力，形成企业经营和财务状况的良性循环。

（2）精益服务的运营体系

精益服务的运营体系由一系列子系统构成[2]：①服务质量保证体

---

[1] 杜斌、刘伟光、杜永康：《浅议精益服务体系及其应用》，载《科技信息》，2010（23）。

[2] 同上。

系；②业务流程动态修复体系；③低本高效的调控体系；④预防式服务补救创新体系。

全面质量保证的基础是以控制为导向而建立的，需要规章制度、标准作业流程、预案制等一套服务企业全面质量管理体系。

精益服务把满足客户需求始终放在首要位置，这就意味着业务流程必须以客户需求为转移，能够在业务流程设计中快速响应，及时反馈，并准确修正。

通常，建立一专多能的调控服务能力和有效控制成本的有机协调体系的关键是培养一专多能的高素质人员，这可以有效化解服务提供的能力和成本矛盾问题，实现服务能力的柔性安排。

建立以主动、开放、创新为特色的预防式服务补救体系，就可以及时发现服务失误，分析评估失误，然后在定量分析的基础上，制定出合理的补救方案，包括流程改进和服务创新等。

不难看出，精益服务正是通过快速响应、及时反馈、不断修正的动态改进系统，达到低本高效和持续创新的目标，实现不断修正服务流程、改善服务质量、提高顾客满意度，最终留住顾客，实现双赢。

二、银行精益服务的三个典型特征

和其他服务行业相比，以下几点在银行业的精益服务中尤为突出。

1. 真正的客户化

所谓客户化，就是深入理解客户需求以及需求的背后原因和动力，从客户的角度思考问题，并从客户的角度定义服务的价值。

实施真正的客户化，是银行机构开始真正将注意力由"资金"转向"客户"的战略性转变。银行机构通过客户细分和满足差别化的客户需求，为客户提供更具针对性的服务。

在未来的银行服务中，有可能会呈现出如下服务形态：

- 银行将变成顾客与重要朋友碰面的地方；
- 在营业网点，孩童可以开心玩乐，父母可以专心思考金融规划；
- ATM 自助设备具有更智能的功能，普遍支持真人视频服务；
- 银行营业网点根据所在区域客户的特点实行差异化上下班时间和服务；
- 开设汽车快捷网点，客户不下车就可以办完所有银行业务；
- 银行成为社区公益的桥梁，并为高端客户提供全面的慈善解决方案；

……

可以预见的是，日后精益服务将会使银行和客户的生活结合得更加紧密，客户到银行来将能得到更加个性化的服务。

2. 双赢

精益服务作为一种战略思想，开辟了银行业一个新的战略选择：那就是低成本和客户化（或差异化）有机结合的战略。

精益服务不仅关注服务改善对于客户的价值，也关注其对企业的价值，并最终实现客户与企业的双赢。所以，银行精益服务意味着银行所提供的解决方案，不仅要借助购买者实现组织目标，而且还要满足他们的个人需求。

比如，银行实施差别化定价策略，针对优质客户使用特定产品实施价格折扣。就银行而言，这种折扣看似在一定核算期间内减少了收益，但是从客户关系维护方面看，却获得了客户满意和依赖，从而获得了更多的收益机会。从长远看，差异化服务策略将推动银行与客户深度合作并实现共赢。

3. 高效

随着 21 世纪前十年国内商业银行服务功能的逐步健全，第二个十年正在加快精益服务的步伐。精益服务倡导更主动、更精准和更高的投入产出效率，通过动态组织资源快速响应客户需求变化，提高价值创造能力。

毫无疑问，精益服务追求的"以客户为中心减少浪费、提升效率、优化投入产出"，在改善银行服务方面有广阔的应用前景。银行通过深入了解客户，充分挖掘差异化的客户需求，持续精简服务过程中的冗余、浪费，不断提升服务的精准程度和满足客户需求的程度，实现银行与顾客的双赢。

无论何时，有一点不会改变：精益服务，永无止境！

第三节　银行精益服务的战略重点

更精准的市场定位、更高的投入产出效率、更加便捷的客户服务、更积极主动的业务创新和产品结构调整、更专业精细的业务流程管理，这些无疑是我国商业银行今后实施精益服务战略的重点，也是今后银行精益服务的行动总纲。

通过贯彻新理念来延展服务价值，并对服务模式和服务形态实施持续的革新，将是未来银行精益服务落地的首要切入点。

一、银行精益服务的五大战略重点

在银行机构实施精益服务的过程中，以下五方面是需要长期着重关注的地方。

1. 实施更精准的市场定位

更精准的市场定位对提高银行风险防范水平和服务效率，将发挥应有的作用。目前银行服务同质化的重要原因就在于在客户细分和目标市场定位方面做得不够，没有真正根据目标客户需求及时匹配相应的产品组合和渠道。

对此,需要充分运用"客户之声"调查和数据挖掘等科技手段,进行融合分析评估。比如,在公司业务领域,对产业链、核心企业上下游企业集群进行整体调查评估,以有效提高银行做出风险判断和制定营销方案的质量和效率;在零售业务领域,通过使用申请评分卡和行为评分卡,灵活高效地实现个人贷款、信用卡授信的预审批,这将使数千万客户从中受益。

2. 追求更高的投入产出效率

更高的投入产出效率可以体现在定价效率上。比如银行应在客户分层、需求分类、风险预估、投入产出分析的基础上,明确自己的价值客户,根据价值的不同进行差别化的贷款和配套金融服务定价。

又如在定位效率上。目前一些银行人员仅仅是给客户推荐最简单的一般性流贷[①],一方面可能不适应客户真实需求,另一方面对中间业务(泛指非利息收入的业务)带动作用很小,银行需要抓住来自政策等方面的契机,在提高金融服务投入产出效率方面挖掘潜力。

当然,只是眼睛向内挖掘自身潜力未免落入惯性思维的俗套,银行转变发展方式应努力夯实自己有别于同业的核心专业能力,而一些非核心能力可以通过金融服务外包和企业间战略协同来处理。

美国花旗银行的业务调整经历就充分验证了以上观点。1998 年 4 月花旗银行与旅行者保险集团达成合并协议,组成全球最大的金融服务企业。然而,银保合并未给花旗集团带来辉煌业绩,花旗集团被迫于 2002 年和 2005 年两次出售其保险业务,从集团混业经营返回到其原来的主营业务上来,集中精力发展其核心专业能力。

---

① 即流动资金贷款,就是无抵押贷款,是银行机构为满足企业在生产经营过程中短期资金需求,保证生产经营活动正常进行而发放的贷款,按贷款期限分为临时、中期、长期贷款,按照贷款方式可以分为担保贷款和信用贷款等类型。

3. 追求更便捷的渠道服务

长期以来，消费者和企业家一直在为银行服务太过复杂付出代价。如今网络银行风起云涌，互联网帮助银行去除了中间环节，使银行能够与客户直接联系、即时反馈，而且增加了信息的透明度。

充分发挥网上银行、手机银行、电话银行等电子服务平台在存取款、转账和支付等服务方面的作用，使银行营业网点等传统服务平台聚焦于带有营销、咨询内容的复杂非现金服务，是有效提高快速、简捷经济时代客户满意度的合理路径。

比如，从 2009 年开始，在部分沿海地区银行出现了一个新的现象：设在大学内的银行网点，师生宁愿在柜员机前排队也不愿在柜台前排队，出现大堂经理反向分流客户从柜员机到柜台的情形。这对未来银行网点建设不无启发，即需要根据网点所在区域人群的特征，来统筹和布置传统柜台和柜员机的数量，进而思考差异化的产品供给和服务策略。

4. 实施更积极主动的业务创新和产品结构调整

转变经济发展方式要求银行机构要更主动地调整业务结构。例如某银行在开展客户结构调整时，结合自身定位，强调其在客户结构调整上需要加强对中小企业、民生领域、服务业、"三农"、个人消费金融服务的比重。

又如在产品结构方面，一些国际领先银行中间业务收入有将近一半来自供应链金融服务（即银行将核心企业和上下游企业联系在一起，提供灵活运用的金融服务的一种融资模式）。而目前国内商业银行一般性流动资金贷款占比过大，流动资金贷款占用期偏长，流动资金贷款用途管理欠精细，贷款对中间业务交叉销售的带动作用还远远不够。所以，我国商业银行应进一步加大供应链金融、贸易融资等服务的比重。

5. 实施更专业精细的业务流程管理

银监会"三个办法一指引"① 最关键的影响在于信贷全流程的精益服务。"简化其表、精密其中"的专业化、精细化追求正是未来流程银行建设的精髓所在。

一是将更精细的信贷政策嵌入信贷流程。包括什么样的客户能够做一般性的流动资金贷款，什么样的客户应该做贸易融资，什么样的客户应该采取什么样的担保方式等。

二是将更精细的产品政策嵌入信贷流程。商业银行制定流动资金贷款办法实施细则还有很多细节需要研究定位，譬如对于借新还旧、以贷还贷的用途控制，对于集团客户和小企业流动资金贷款的差别化安排，贸易企业和制造业又如何区别等。

三是将信贷政策和产品政策嵌入流程，促进银行前中后台既清晰分离又相互衔接的流程化作业，实现专业、专注基础上的协同；而不宜因监管趋于严格就随意加长业务操作链条，加多控制锁链。

二、银行精益服务战略实施的三个切入点

从目前国内商业银行对精益服务理念的引入和实践，以及着眼未来银行业对精益服务的深入应用来看，银行精益服务战略实施应首先从以下三个方面切入。

1. 革新传统服务模式，将救火式服务升级为预防式服务

传统服务模式的一个重要特点就是救火式服务，即让客户发现问

---

① 即《流动资金贷款管理暂行办法》《个人贷款管理暂行办法》《固定资产贷款管理暂行办法》和《项目融资业务指引》，并称"三个办法一个指引"。

题再予以逐一解决。很多企业为了提升客户满意度，加强了对救火式服务的投入，其结果往往是问题越解决越多，而很多客户虽然问题解决了但依旧不满意，因为他们认为就不该出现这些问题。

精益服务强调变事后服务为事前服务，即实施关键触点引导服务，以加强客户引导，尽量消除由于信息不对称带来的服务冲突。这样一来，将一部分事后服务资源前置，不但服务半径拓展了，而且所需的服务资源反而更少，起到了事半功倍的效果。

对于银行机构而言，核心服务工作应围绕客户需求，不断拓展服务渠道、丰富服务产品、优化服务流程。前面的基础工作做好了，救火式服务仅是最后一个补救环节。

比如银行推出短信告知服务，客户账户有变动，会在第一时间收到短信提醒，该服务需要每月扣减客户 3 元费用。之前，很多客户因对扣减费用不知情而投诉。而现在，几乎所有客户都不会因 3 元费用而拒绝这一服务，看似简单的事前一句话提醒，既发展了业务，又避免了后期处理客户投诉成本的发生。这是因为，精益服务强调对涉及费用的敏感环节，在客户签约过程中就明确告知，维护客户知情权。

这个案例还说明，客户愿意为了好的服务支付费用。3 元的短信告知使服务不但提升了客户体验，并且直接降低了成本（甚至可能盈利）。这正是精益服务的追求之所在，即实现银行与客户价值的双赢。

总之，通过服务形式的创新，将救火式服务变为预防式服务。这将是未来银行精益服务的改进重点。

2. 创新现有服务形态，广泛听取客户声音

传统服务以人工服务为主，提升服务水平也往往聚焦在窗口服务人员的服务规范上。显然，这种服务形态已经无法满足企业"创新客户体验，降低服务成本"的诉求。

另外，现代服务企业为了增加业务营销机会，需要与客户有更多

的触点，形成更广泛的互动，争夺客户的注意力。因此，短信服务、微博服务、威客①服务、客户端软件服务等新的服务形态，成为服务企业创新客户服务体验、降低服务成本、增加营销机会的有效手段。

客户使用新型服务渠道越多，发表意见、提出建议及投诉的机会就越多。客户意见、建议及投诉应视为宝贵的管理资源，作为改进工作、收集信息、开展服务创新的直接依据。

多层面的客户意见，依靠传统的窗口传递、被动处理等方式已经远远不能满足管理需要，金融行业有必要建立一套科学、先进的系统，动态监测与分析各机构、各产品、各渠道的客户反馈以及员工在服务过程中存在的问题，并关注同业动向，主动采集、整合客户建议、投诉和员工建议信息，将其转化为提高精益服务的资源，推动各层级有针对性地整改提高，使其始终在同业处于领先水平。

3. 贯彻差别化服务理念，延展价值创造空间

如上所述，传统服务的宗旨是提供更多的基础性服务保障，服务价值较低。因此，围绕传统的服务模式提升服务质量，很难实现企业与客户的双赢。

精益服务特别关注新价值服务，即那些能增强客户忠诚、增加客户价值或提升客户钱包份额的服务，强调对差别化服务理念的实践。

例如，有的企业将服务与营销进行一体化设计，通过挖掘客户在特定场景下的需求，利用服务进行引导，借助自有业务甚至合作业务来满足/创造客户需求（有的需求甚至连客户自己都没有意识到）。

又例如，国外某航空公司为客户提供社交平台服务，乘客可以在

---

① 威客的英文 Witkey 是由 wit（智慧）、key（钥匙）两个单词组成，也是 The key of wisdom 的缩写，是指那些通过互联网把自己的智慧、知识、能力、经验转换成实际收益的人，他们在互联网上通过解决科学、技术、工作、生活、学习中的问题从而让知识、智慧、经验、技能体现经济价值。

订座甚至购买机票前就能知道将与谁同行，从而选择心仪的航班和座位，这意味着这家航空将其服务定位从传统的运输服务延伸为旅行社交服务。

金融行业目前根据客户贡献度将客户划分为不同等级的服务对象，对 VIP 客户提供差别化服务。通过主动了解、认真分析客户需求，建立客户档案，定期组织会谈，延伸产品功能，提供专属场所等方式加强客户关系维护，由专职客户经理设计金融综合解决方案，量体裁衣为其创新金融产品，集中服务资源提供"一对一""一揽子"服务，同时在服务收费和利率政策等方面给予优惠。

差别化服务理念在客户关系维护方面正起着越来越重要的作用，越来越多的客户成为固定银行的常客，被紧紧地吸引在这些银行周围，成为它们的忠诚客户。随着客户需求与经济金融环境的日益变化，精益服务的价值创造链将会有越来越广阔的延展空间。

中国银行业对精益服务的探索和实践还处于起步阶段，但精益服务的方向以及对银行和顾客的价值是毋庸置疑的。银行服务的精益化水平必将成为未来银行的核心竞争力之一，在很大程度上决定银行在未来竞争中的成败。

第四节　银行精益服务工具

尼尔森基于银行精益服务的内在规律和现实需求，结合其成熟的客户体验管理理念，通过系统化的"工具集"助力银行精益服务的落地和执行。该工具集的最大特色就是变传统的满意度结果静态度量，为银行精益服务事前、事中和事后的动态管理过程，全方位帮助银行听取客户声音，让银行精益服务理念真正落地。

一、尼尔森的精益服务支持模型

尼尔森作为全球最大的市场研究公司，在全球超过 120 个国家开展市场研究业务。在过去十几年中，中国市场有越来越多的银行客户开始向尼尔森寻求帮助以提升其客户服务水平。

从银行需求看，对市场研究的要求已经开始从基础的满意度研究和神秘人研究，向系统的服务提升研究和客户体验研究过渡，银行对服务改进和措施落地的要求更是比以往任何时候都更为迫切。

为了顺应和帮助银行业更好地贯彻精益服务理念，提升精益服务水平，帮助银行更加有效地评估、管理和优化客户体验，尼尔森建立了"精益服务支持模型"（如图 1 – 3 所示）。

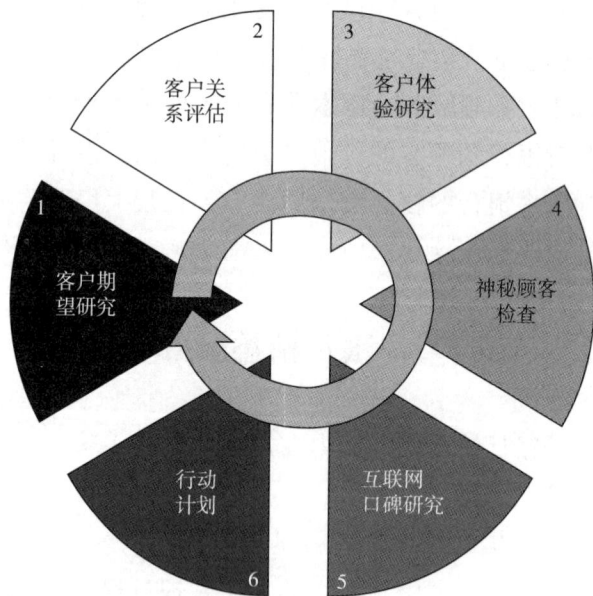

图 1 – 3 尼尔森的精益服务支持模型

该模型是帮助银行精益服务落地的若干工具的集合，以客户为中心，以客户体验提升为指向，具体提供六大板块的方案支持：

（1）客户期望研究

（2）客户关系评估

（3）客户体验研究

（4）神秘顾客检查

（5）互联网口碑研究

（6）行动计划

以上六方面的解决方案基本上完美地实现了银行精益服务的闭环管理和动态提升。

该模型具有显著的闭环特征。从发掘客户需求开始，到评估客户关系现状、客户体验的测量，再到服务标准的神秘客户检查，以及客户互联网口碑反馈，以至最后提出具体的行动计划，各个环节之间存在严密的内在逻辑，可谓环环相扣。

同时，该模型中的每个板块又具有相对的独立性，可以单独配合银行精益服务任务开展具体的研究工作，比如围绕银行精益服务的客户管理、产品创新、渠道升级或流程优化，可以分别开展具有针对性的客户关系研究、产品需求研究、神秘顾客检查以及顾客体验研究等。

尼尔森的"精益服务支持模型"作为尼尔森专门开发的市场研究工具，蕴含着尼尔森对客户体验管理和精益服务优化的深刻理解。来自全球的大量实践证明，该支持模型具有强大的适用性和与时俱进的创新性。

二、尼尔森精益服务支持模型的运转流程

第一步：构建客户期望全景图。

脱离客户需求的服务是无源之水和无本之木。作为精益服务的起点，其首要任务就是以多种探索性研究方法，全面了解客户的需求和期望，为后期客户体验的度量、服务流程的改进与创新打下基础。

在构建客户期望全景图时，除了研究普通客户外，还会通过关注投诉客户、流失客户、新客户、内部客户（银行各级员工）等特殊客户群的反馈，获得更为全面和深入的信息，也即从多种类型的客户以及面对客户的一线员工中，去倾听和理解客户的期望。

第二步：对客户关系现状评估。

其主要任务是对客户体验的满意度结果和银行与客户之间的关系进行指数化定量评估，具体评估内容包括目前与客户的关系是否良好、客户满意度状况如何、与竞争对手相比是否有优势，等等。

这种精益服务的结果性指数，非常适合用于持续追踪、了解精益服务管理的结果和寻找银行客户体验中存在的短板等问题。

第三步：通过客户体验研究进行流程优化。

其主要任务就是对客户触点以及互动体验进行量化分析。具体工作包括：一方面，挖掘流程改进的线索，通过改进来强化客户体验和建立良性客户关系；另一方面，将客户的声音与企业内部流程规范链接起来，结合客户对相关流程的使用习惯和态度，帮助企业优化流程规范，提升服务品质。

第四步：通过神秘客户检查确保标准贯彻落实。

其主要任务就是通过定期派出神秘客户去体验经过优化的流程重点，关注一线员工对标准及规范的执行情况，竞争对手的表现等。神秘客户检查作为一种工具，可以使精益服务优化措施在一线有效落地。

第五步：互联网口碑研究。

其主要任务就是借助社会化媒体研究了解银行服务的口碑，通过自发的口碑了解精益服务的水平、改进效果和仍待改进的问题。

在互联网时代，客户已经习惯于通过社会化媒体交流消费体验，并通过互联网口碑决定自己的金融决策和选择行为。尼尔森借助互联网研究技术，可以对海量互联网大数据进行统计与分析，助力于银行精益服务的效果评估和问题追踪。

第六步：制定和执行优化精益服务的行动计划。

其主要任务就是基于研究成果，制定符合 SMART 原则[①]的行动计划并实施改进。

就单个研究项目而言，尼尔森的"精益服务支持模型"本质上也遵循了精益六西格玛的研究理念，即基于"定义、测量、分析、改进、控制"（DMAIC）的流程开展工作。

三、尼尔森精益服务支持模型的操作要点和执行理念

1. 构建客户期望全景图的操作要点和执行理念

客户满意、客户体验和客户期望三者之间的关系可以用一个公式来直观说明，即"客户满意＝客户体验－客户期望"。

这个公式告诉银行，要让客户满意，一方面需要通过提升服务水平优化客户体验，另一方面也要深入了解客户的期望，让服务举措对症下药，否则会浪费大量的资源。这正是精益服务所追求的。

静态地看，客户满意与客户期望呈负相关关系，也就是说客户期望越低，则相对的客户满意就越高。

客户的期望是可以管理、可以设计的。真正聪明的企业既会向客户提供真诚用心的服务，同时也会导引客户对服务的期望，使其处于合理水平。芝加哥大学的专家曾研究过 15 家对如何使客户满意的别具匠心的公司，发现这些公司都严格控制广告和推销员对客户的承诺，免得客户产生过高的期望。然而，这些服务领先的公司，所提供的服务却总能超乎客户的期望。

---

① SMART 原则是一个目标管理概念，主要内容就是要求项目或绩效目标必须是 S＝Specific（明确的）、M＝Measurable（可衡量的）、A＝Attainable（可达成的）、R＝Relevant（和其他目标具有相关性）、T＝Time－based（具有明确的截止期限）。无论是制定团队的工作目标还是员工的绩效目标，都必须符合上述原则，五个原则缺一不可。

通过管理客户期望来提升客户满意度，银行可以从多个方面着手，比如：掌握客户的心理预期，分析客户需求，控制客户期望，提升服务效果。不过就银行业而言，客户对银行服务水平的期望在不断提高，银行不但需要了解客户的期望有哪些，还需要分辨客户各类期望的性质与重要性，并把有限的资源用在那些客户真正在乎的方面。

动态地看，客户满意与客户期望不能简单理解为负相关关系，有时它们可以形成一种良性互动的正相关关系。

一方面，每一次的客户体验都会影响客户期望，这是一个变动的过程。客户体验好，则下一次的期望会提升；反之，客户体验不好，下一次的期望可能会降低。

另一方面，银行所处的是一个激烈竞争的环境，客户的体验好坏也具有与其他银行服务体验之间的比较效应，如果银行一味通过管理和压低客户期望来提升客户满意，在服务的绝对水平和体验上落后于同业，那么客户就会离开这家银行，银行的口碑和品牌资产也会受损。因此，用精益的视角不断提升服务水平，将是银行业不变的追求。

基于对客户体验、客户期望和客户满意之间关系的深刻理解，尼尔森主张必须360度全方位了解客户需求，并以此构建客户期望全景图。

全面了解客户期望全景图是银行制定精益服务策略的前提。不了解客户期望谈服务，必然会造成资源的浪费和事倍功半。

尼尔森在研究中发现，在银行的日常服务中，经常会出现两种不对称的情况：一是企业提供的服务与客户认知的服务不对称，二是服务标准与客户期望不对称。所以，精益服务的第一步就是识别顾客期望。

一方面要调查清楚外部客户问题，比如个人需求、金融消费习惯、文化差异、地域差异、竞争比较等。另一方面，要摸清楚企业自身问题，比如公司的发展方向、服务标准、认可与奖励、效率和盈利能力、员工需求与期望等。

鉴于此，尼尔森在构建客户期望全景图时，将主要针对顾客、员工、竞争对手这三个最关键的利益群体及其相互关系深入剖析。通过对客户期望的挖掘能够帮助银行机构：

（1）建立定量研究的问卷框架；

（2）建立假设，更有目的性地寻求定量验证；

（3）为定量数据提供更多深层心理机制洞察和行为原因分析。

尼尔森对客户期望的量化管理通常从以下六方面入手：

（1）客户投诉调查；

（2）高满意客户调查；

（3）流失客户调查；

（4）管理层调查；

（5）一线员工调查；

（6）竞争对手客户调查。

2. 通过研究客户关系现状勾勒出科学的客户关系强度指数

良好的客户关系不但会带来更高的客户满意度，同时还会给企业带来切实的益处，比如持久的关系、低流失率、增加收入、降低服务成本、建立积极的生意、降低沟通成本等。

尼尔森通过多个国家和品类的研究发现，"三个维度、六个关键问题"可以较为稳定地传递客户与银行之间的关系紧密程度。

第一个维度是价值，具体包括：（1）客户是否对产品及服务满意；（2）产品及服务是否物有所值；（3）产品及服务与竞争对手相比如何。

第二个维度是反馈，具体包括：（4）是否能对客户的需求/需要及时反馈，即客户所感受到的企业对客户的重视程度。

第三个维度是黏性，具体包括：（5）如果同业另一产品或服务的价格更低，客户是否会转而购买该产品或服务；（6）相比其他竞争对手，客户是否更加信任这个品牌。其实这里的客户黏性问题，可以理解为客户忠诚度问题。

和传统的满意度研究相比，尼尔森的客户关系研究更具科学性：一方面对客户关系强度的度量更加关注过程；另一方面对客户关系的度量本身就包含了客户满意度，但比客户满意度更全面，与企业未来业绩的关联也更密切。

银行机构在每一个互动环节的努力，实际上都是在积累和尝试与客户建立更为紧密的关系，而更为紧密的关系会进一步带来更高的客户满意度。

3. 通过客户体验的量化研究持续提升银行的触点服务水平

互联网时代，客户体验管理在整个客户关系管理中举足轻重。金融机构的关注点不仅仅是消费者的时间成本、金钱成本、精力成本、风险成本这四大利失要素的损失，还包括情感价值、互动质量等来自服务体验的过程收益。

基于前期的问题探寻和对客户关系现状的量化研究，基本上可以明确银行服务中的问题和短板。接下来就是针对具体问题和短板，深入了解客户在特定触点上的金融消费行为与习惯，进而对触点客户服务水平进行切实提升。

就客户体验研究的意义而言，一是可以了解与客户每一个具体接触点的服务质量。通过对与客户互动的"真实瞬间"的深入研究，帮助企业优化流程，在每一个与客户接触的点上，都给客户带来良好的客户体验，进而强化客户关系。二是客户体验研究可以有效地将企业内部流程规范相结合，以提供更具有实践性的服务提升建议。

就客户体验研究的原则而言，尼尔森认为需要坚持四个原则：

一是样本对象应该是最近一段时间（原则上要求 24 小时内或 3 天

以内）对所研究触点有过服务体验的客户。在客户记忆较为清晰的基础上回忆对刚发生过的服务体验。

二是有可靠的企业信息数据支持。由于客户体验研究具有实时性，因此，企业的信息数据支持对研究起着至关重要的作用。

三是关键接触点的选择应来源于客户关系研究中发现的优先和次要改进区域。

四是应该重点关注实践方面的研究，而非宏观上的度量。

概括来讲，基于接触点的客户体验研究通常包括"三大环节、七个要点"：

第一环：（1）确定进行研究的接触点；（2）了解客户对这项服务接触点的期望。

第二环：（3）确定企业内部对接触点中每项客户服务指标的标准；（4）结合内外部信息对问卷进行设计；（5）执行样本调查。

第三环：（6）数据整理与分析；（7）对接触点提出优化建议，对标准进行优化。

4. 借助神秘顾客检查确保服务标准的贯彻和完善

一定意义上讲，神秘顾客检查是客户体验研究的延续。通常，根据客户体验研究结果，会专门设计或完善服务标准。在贯彻服务标准的过程中，神秘顾客检查的主要任务是追踪服务标准的贯彻落实情况。

神秘顾客检查结果较为适合用于员工的 KPI 考核。此外，神秘顾客检查还有一个重要的作用，那就是结合客户体验研究成果对服务标准进行不断的优化和调整（如图 1-4 所示）。

A 区：客户体验满意度高而神秘顾客检查得分低，这说明客户期望低于企业标准，目前满意度较高，可把标准适度降低在基础层面以节约成本。

B 区：客户体验满意度高而神秘顾客检查得分也高，说明目前的

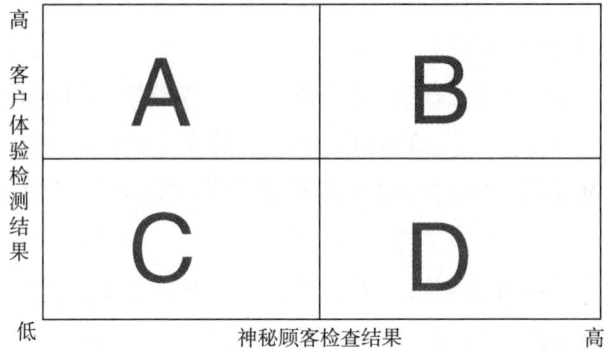

图 1-4　神秘顾客检查有助于服务标准优化

企业标准表现较好，且满足了客户期望，可以维持。

C 区：客户体验满意度低而神秘顾客检查得分也低，说明在该环节存在实实在在的问题，并且影响了客户体验，银行需要了解问题的原因并制订具体的改善计划。

D 区：客户体验满意度低而神秘顾客检查得分高，说明客户期望高于企业标准，需要制定更加严格的新标准以适应客户期望。

5. 通过互联网口碑了解客户的银行服务体验

有效倾听网民声音成为企业了解消费者的重要途径，在大量客户声音中可以发现很多有价值的线索。在银行服务策略的制定过程中，倾听网民声音同样具有不可替代的作用。

尼尔森在口碑度量（Buzz Metrics）中借助先进的互联网信息分析技术，可以对互联网社交媒体中海量的客户口碑信息进行整理和分析。和传统市场研究中"问"的方法不同，互联网口碑研究更加偏重"听"的技巧。

在互联网口碑数据收集阶段，关键是做到合理的数据覆盖，如数据来源、抓取时段、关注品牌、具体产品等。通常会在特定时间段内

（如6个月或12个月），就特定网络平台（如微博、博客、社交网站、论坛、BBS等），进行全平台数据抓取。

在建立数据库阶段，关键是实现数据提纯，最终指向有效的用户生成内容（UGC：User Generated Content）。尼尔森通过全球领先的舆情分析系统和方法，可以确保数据提取的准确性。常见的信息清洗对象包括：

- 纯转发抽奖/跟帖抽奖（用户仅转发微博而未添加个人意见等，如转发微博赢大奖等）；
- 纯销售信息（部分代理商/个人发布的纯产品销售贴，如本人长期代理等）；
- 纯行业新闻（媒体发布的仅陈述事件事实而不带评论的信息等，如本报讯等）；
- 纯链接分享（用户传播网站链接而未添加个人意见等，如以上信息分享自http等）；
- 其他尼尔森常规清洗（如数据去重、黑名单匹配、水贴甄别、官方账户微博等）。

在数据分析阶段，尼尔森通常借助数据分析师和行业专家合作，来撰写具有洞察力的研究报告。在这个阶段，尼尔森会通过先进的数据分析系统，提供全方位的数据概览、先进的数据呈现和灵活的数据输出以及定制化模板。在尼尔森的口碑度量中，主要围绕以下八个方面的分析展开：

（1）话题讨论量

（2）话题讨论主题

（3）话题讨论的正负面评价

（4）话题讨论TOP论坛

（5）话题讨论的意见领袖

（6）用户话题的深入挖掘

（7）话题讨论量的正负面评价

（8）讨论话题与品牌的相关度分析

6. 通过工作坊提出服务改进方案

尼尔森工作坊的最大价值在于把市场研究发现变为切实可行的执行方案。尼尔森工作坊被称为"行动方案的孵化器"，工作坊由尼尔森专业研究人员主持，银行相关部门深度参加，时间通常为 1~3 天。

（1）准备工作

良好的准备是工作坊成功运转的基础，通常需要做三方面的准备。

一是界定问题。每个工作坊应该有一个最需要解决的关键问题，作为工作坊目标。

二是确定相关参加人员。和问题有关的各部门负责人均需要参加工作坊。工作坊需要由 1~3 名专业的主持人进行主持，该主持人应该具备精益的资质或经过系统的精益培训。

三是准备场地和相关器材。可以集中讨论的场所；白板，纸条，水笔，投影仪等都是必需品；创造头脑激荡的氛围。

（2）工作规则

尼尔森工作坊有其鲜明的工作规则：

一是鼓励创新和参与；

二是避免舆论领袖（领导后说话）；

三是没有对错之分；

四是分组讨论与竞争。

（3）工具应用

为了让整个团队能够在一天的时间内发挥合理，产出能够落地的解决方案，往往要借助相关的流程改进工具来推进讨论不断深化和往前推进。

（4）常规流程

第一步，回顾调研阶段的相关结论。所有数据使用整合的方式提供，以特定的逻辑进行解读，从而定义问题。

第二步，进入工作坊核心阶段。尼尔森提供经验支持和孵化行动方案的工具，通过客户内部人员与尼尔森的分组讨论，客户提供可行性和资源协调，并识别可执行方案。

第三步，产生符合 SMART 标准的行动计划和目标。

对问题原因的深入探讨是解决问题的前提。所以，针对调研中发现的问题，往往会探根究底，通过不断的深挖和追问，直至找到问题的症结，并形成切实可行的解决方案。

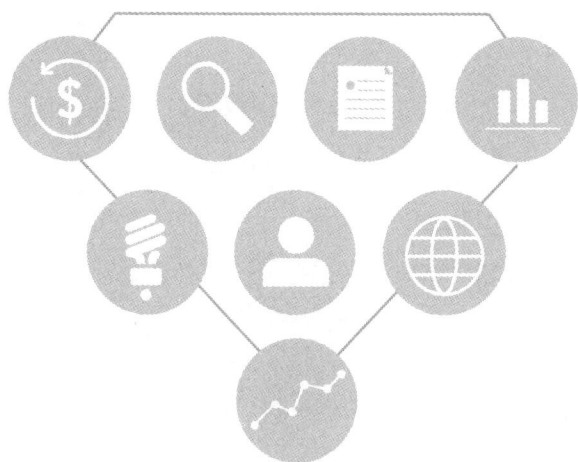

第二章

银行精益服务与客户体验

从某种意义上讲，客户是银行最重要的资产。一家银行所拥有的客户数量和质量，直接决定了这家银行的规模和盈利水平。银行服务就是在认识和适应客户需求规律基础上的价值创造活动。从客户出发并能让客户满意的精益服务，是银行为股东带来长期价值的基石。

尽管近年来国内银行业对服务的重视和对服务的提升取得了长足进步，但是市场和客户的需求也在快速发生着变化，亟待优化的服务细节还很多，服务价值创造活动的质量和效率也有待提高。

在后金融危机和移动互联网（WEB3.0）这一双重背景下，世界银行业普遍把"追求超级客户体验"作为自身能力进化的核心特征，所以重塑客户体验势在必行。

银行精益服务的核心任务也必将是为广大客户提供优良的客户体验，不断提高客户满意度和忠诚度。这既是银行精益服务活动的目的，也是最终落脚点，应做到"对精益服务的探索与提升真正源于客户，又能真正用于客户"。

这就意味着，要想实现客户的长期满意，就必须深入持续地了解他们的需求及其趋势，真正洞悉移动互联网时代客户的消费方式及其变化。唯有如此，客户服务精益化才能落地见效，才能收获双赢，共同受益。

基于以上考量，本章重点提出了"BANK 3.0"这一概念，并强调了 BANK 3.0 背景下银行客户服务精益化的两大策略：一是客户体验重塑；二是提供大众化客户定制服务（Mass Customization）。

一方面，作为服务业的精益生产方式，必须清楚 BANK3.0 时代金融机构重塑客户体验的动因、重点。这直接决定着未来客户服务精益化的战略重点和方向。

另一方面，金融机构必须持续深入地了解客户期望和需求变化，对客户需求与供给市场处于什么样的态势有清醒认识。作为满足客户体验需求的极致化服务，金融机构必须充分了解大众化客户定制服务对银行客户服务精益化到底意味着什么。

全方位地、持续地听取和解读客户声音，则是BANK 3.0 时代践行"以客户为中心"、实施银行客户服务精益化的基础工作和直接响应。

第一节 BANK3.0时代重塑客户体验的动因

从2012年到2014年，中国大陆互联网金融的跨界竞争愈演愈烈，有识之士已经从中嗅到一个信号，过去线下的同质化红海竞争开始转移到网上。

布莱特·金（Brett King）在《BANK3.0：银行转型未来式》一书中谈到，互联网和新技术对银行业的颠覆性冲击将呈现四个发展阶段：

> 第一阶段是"互联网与社交媒介"，主题词是"控制与选择"。客户通过网银办理业务，实现控制感；银行间利用社交媒介互相推荐客户，同时客户评价并选择银行。
>
> 目前处于第二阶段，屏幕和移动终端无处不在，主题词是"任何时间，任何地点"，也就是BANK2.0时代，客户在智能手机上可实现除存取款以外ATM上的所有业务。
>
> 第三阶段是移动钱包和微支付，也就是BANK3.0时代。银行卡和现金都将不复存在，现在已有移动钱包和微支付储值卡，未来3～5年将会出现手机与借/贷记卡场无接触合一的近产品。
>
> 未来十年将进入第四阶段，即传统物理网点面临消亡，银行不是客户要去的地方，而是实现客户需求的场所，满足客户在任何时间和任何地点的需要，银行在虚拟世界中全方位提供服务。

"银行不再是一个地方，而是一种行为，银行业务随处皆可。"这句话道出BANK3.0一书中互联网金融创新的发展方向。有意思的是，布莱特·金在2014年4月推出一本新作，名为 *Breaking Banks*，也许可以翻译成"打破银行"或者"颠覆银行"。

其实，在互联网金融时代，银行应该变"价值链"的思维方式为以客户为中心的"价值环"思维方式，真正把"为客户创造价值"置于银行的中心，在颠覆自己的过程中实现持续快速成长，而创新制胜的关键在于围绕价值创造和客户体验进行精益服务。

一、BANK3.0时代银行客户体验越发重要

布莱特·金在《BANK3.0：银行转型未来式》一书中提及的四个阶段就是从客户体验出发来划分的。无独有偶，2013年的一项关于"零售银行面临的最大挑战"的市场调查同样表明（如图2－1所示），客户体验被排在了首位。

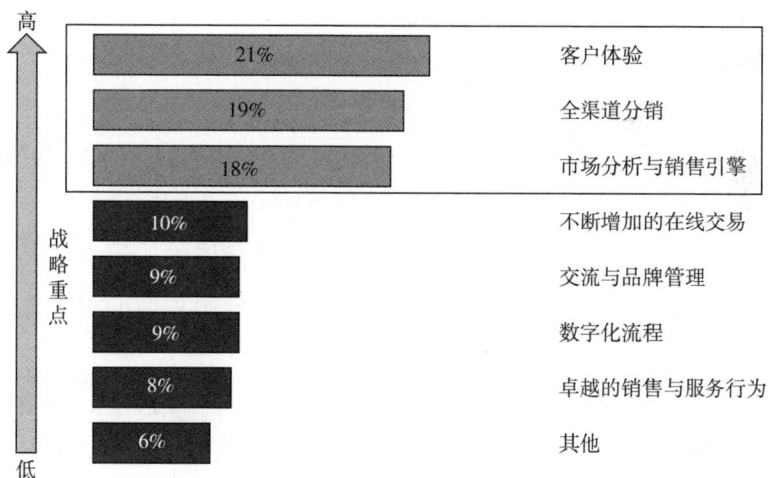

图 2 – 1　2013 年零售银行面临的最大挑战

为什么BANK3.0时代客户体验因素变得如此重要？我们不妨从银行业的内外部加以探寻。

1. 技术创新的催化作用和客户自我实现的心理需求

从银行外部看，这主要来自技术创新和客户自我实现的心理需求这两个驱动因素的共同作用。

（1）技术创新的催化作用

互联网作为人类社区，没有空间和距离。正被广泛应用的云计算与大数据是硬币的两面。一方面，云计算为互联网提供 IT 基础架构，确保 IT 架构能适应 BANK3.0 时代的创新需要，保持弹性伸缩，分布处理，及时分析处理海量数据，实现高可用性。

另一方面，大数据为云计算提供了一系列应用，也通过为企业之间在价值链整合协同提供了方便，为互联网金融跨界竞争搭建了舞台，这也促进互联网金融逐渐走向成熟。

按照马斯洛需求等级图谱来分析，客户的需求等级自下而上涉及生理需求（如呼吸、食品、水、睡眠）、安全需求（如人身、工作、健康、财产）、爱/从属的需求（如友谊、亲情）、尊重的需求（如自信、尊重他人、被尊重）和创造的需求（自我实现）。

随着技术创新的步伐不断加快，客户对消费体验的追求总是由低向高不断升级。移动互联网等技术创新为客户最高层面的自我实现需求提供了平台。

互联网也确实在各个方面为客户生活带来"自我实现"的体验。比如，一些 90 后、00 后已经不在商店里买大众化的耐克鞋，而是在耐克官网上定制专属于自己的耐克鞋，并在网络社区上分享其体验。

再比如，一些高端消费人群，在捷豹汽车官网上定制满足自己需求特点的捷豹汽车，客户在网上模拟配置每一种汽车内饰和外饰的过程中，网上实时显示其所配置的汽车的价格；若客户进一步选择同步使用金融服务，短短 30 分钟之内，客户就可以享受到汽车厂商与银行价值链整合后的汽车消费贷款服务。

　　在日常金融消费中，银行客户依托移动互联设备同样可以轻松自我实现，例如自主定制产品，自助完成业务增加自我成就感。另外，阿里巴巴的余额宝可以让客户方便地查询每天、每周、每月的受益，很多客户喜欢每天查看受益，看到当天的受益可以支付一顿午饭时，会产生投资理财的成就感和喜悦。对比银行的理财产品，往往到期后客户查询收益都要经过多个复杂的流程，客户体验的差距十分明显。

　　所以，在WEB3.0的互联网浪潮驱动下，无疑将会促使银行掀起一场重塑客户体验的革命，以充分利用创新技术，发掘潜能，更好地满足客户需求，提升客户体验。

　　（2）消费者行为变化背后是消费需求的巨变

　　下面这张表（如表2-1所示），结构性地描述了互联网时代之前、互联网时代和移动互联网时代所分别对应的"消费者行为1.0""消费者行为2.0"和"消费者行为3.0"的特征。

表2-1　　　　　　　　　消费者行为的变迁

消费者行为1.0（互联网前时代）	消费者行为2.0（互联网时代）	消费者行为3.0（移动互联网时代）
1. 注意：广告引起消费者注意。	1. 注意：互联网上的创意引起消费者注意。	1. 感知：商品品牌在移动互联网被消费者感知。
2. 兴趣：消费者对商品产生兴趣。	2. 兴趣：创意的互动性引起消费者兴趣。	2. 兴趣与互动：消费者在移动互联网上对商品产生兴趣，并与商家形成互动。
3. 欲望：消费者产生购买欲望。	3. 搜索：消费者在互联网上搜索商品信息。	3. 链接和沟通：用户与品牌、商家建立链接，发生交互沟通。
4. 记忆：消费者形成对商品的记忆。	4. 行动：消费者在互联网上产生购买行为。	4. 行动：消费者在移动互联网上产生购买行为。
5. 行动：消费者产生购买行为。	5. 分享：消费者在互联网上分享购物体验。	5. 分享：消费者在移动互联网分享购物体验分享。

　　很明显，移动互联网时代的消费者行为较之互联网时代，已然发生显著变化。只是银行业还来不及思考成熟，到底该以什么样的客户

服务体验来适应移动互联网所带来的消费者行为演变。

此外，就促使银行业重塑客户体验的动因看，还有一个外部因素，那就是金融危机。全球金融危机对银行与客户之间的关系产生了深远的影响。在一些国家，随着客户对银行的信任降低和盈利压力的加大，银行管理层已经敏锐察觉到提升现有客户忠诚度和新客户关注度的迫切性与重要性。

2. 银行需要建立新的客户体验模型、业务需求模型并实现战略转型

从金融企业内部来看，BANK3.0 时代之所以需要重塑客户体验，主要源于三方面的需求。

（1）银行亟待建立新的客户体验模型

目前，银行亟待有效洞察客户在互联网上的体验需求，建立客户体验模型。例如，银行识别出客户遇到一个支付限额的障碍，那么这个事件要引发一个什么样的流程提供一些配套的服务，使得支付可以进行下去？这个流程会产生哪些数据？哪些流程会使用这些数据提供配套的服务？利用哪些渠道，比如通过邮箱给客户确认还是通过内部的云平台交互信息？

银行需要对这些与客户体验相关的流程和界面优化进行分析，抽取出各个接触点的客户体验要素，从银行 IT 系统界面和服务流程两个角度关注客户体验的提升。

（2）银行亟待建立新的业务需求模型

现在，银行亟待建立适应互联网技术进化速度的新型开发方式，业务需求模型化、模型驱动开发。

具体来讲，就是把客户、产品、渠道这些元素从流程中剥离出来，进行组件和参数层面的标准化，以便于随时根据客户体验需求新的变化进行重新组合配置，使得客户无论从哪种移动或固定设备接入银行服务系统界面，银行及其互联网产业链上的合作伙伴都能快速响应，

做到"以客户为中心动态组织资源，通过弹性边界和无缝连接提供精益服务"。

（3）银行亟待推进战略转型

现在我国商业银行亟待基于互联网文化的企业基因，推进整个企业的战略转型。有人说业务决定 IT，有人说 IT 引领创新。其实根本就无所谓是业务驱动 IT 或 IT 驱动业务，关键是能不能实现业务架构和 IT架构很好地对接，从语境、语义、语法三个视角，将适应互联网文化基因战略能力转化成流程能力，将流程能力转化成应用能力。

二、客户对产品和渠道提出全新的体验需求

以上内部和外部因素共同带来了重塑客户体验的必然性和重要性。与此同时，客户也确实对银行服务不断提出全新的体验需求。

客户体验往往取决于渠道和产品服务的综合能力，因为客户不仅仅通过网点来体验银行的产品和服务，还通过银行各种服务渠道如ATM、手机、互联网来综合体验银行的整体服务。

1. 客户对产品服务的新需求与体验变革

客户在产品服务方面的新需求将包括：大众化客户定制服务，客户接受银行主动推送的适用产品服务，客户在网络或手机应用界面上自由随机查询消费决策所需信息等服务。目前，在满足客户的产品需求方面，已出现大量探路者。

（1）微信贷服务

微信贷服务主要是指为低收入人群提供的、额度较小的，以"反贫困、促发展"为基本宗旨的信贷服务（包括储蓄、保险、汇款、支付）。服务的提供者有很多，比如银行、非营利组织、非政府组织（NGO）等，这些服务的提供者被统称为微型金融机构（Micro Finance Institutions，MFIs）。

这些微型金融机构提供的贷款一般需要很少或者根本不需要抵押，但是有别的方法来防范信贷风险，比如打包贷款和负债、贷前储蓄要求、逐步增长贷款规模、用当前贷款完整和及时归还来作为未来贷款的隐性担保等。

（2）网上众筹型投资服务

如美国最大个人对个人（P2P）的借贷公司贷款俱乐部（Lending Club），作为全球 P2P 贷款平台的领先者，是一种网络投融资平台。借款人可以向平台申请贷款（最多 3.5 万美元），平台通过信用评分、贷款金额、贷款期限、信用卡记录等确定贷款利率。平台的资金来源是投资者购买平台发行的票据（Note），这些票据的评级大类有 A～G，小类是 A1～G5，评级越高投资回报相对越低，投资者可以自己构建投资组合。

（3）低成本快速结算服务

如位于旧金山的创业公司 Clinkle，目前还在创始阶段。公司的概念是做第三方支付，类似 Square 和 PayPal，但不是通过刷卡或者近场通信（NFC，又称为"近距离通信"）等方式来实现，而是使用虚拟货币，Clinkle 币，通过移动设备实现点对点的现金交易。Clinkle 不同于中国大陆的第三方支付企业依赖人民银行的大额小额支付系统的状态，完全依托互联网，实现低成本基础上的快速结算服务。

（4）综合电子钱包服务

如谷歌钱包（Google Wallet），是一款手机应用，它会让你的手机变成钱包，它将塑料信用卡存储为手机上的数据，还会加上各种优惠，当然今后还有购物卡和礼品卡。谷歌钱包未来有望成为一个开放的移动钱包，替代今天每个人手中装着各式卡片的皮钱夹。

谷歌钱包使用的是近场通信技术（NFC），通过在智能手机和收费终端内植入的 NFC 芯片完成信用卡信息、折扣券代码等数据交换，力图通过智能手机打造从团购折扣、移动支付到购物积分的一站式零售服务。谷歌钱包希望将来可以将驾照、医疗保险卡等各种信息都集中在智能手机内。

（5）智慧的网上理财服务

如个人金融服务网站 Mint.com，2006 年创始至今，其网上理财服务客户体验已经达到全美最佳水平。

统一的账户管理。网站通过网上银行与几乎所有的美国金融机构连接，获取并汇总客户所有的银行账户信息。

自动分类。网站将客户的账户信息、交易信息按照收入、支出、投资、储蓄等进行自动分类。其分类目录有几百种，支持客户自定义分类。同时，网站能够将客户的一笔交易分入不同的目录中。例如你在 ATM 转账支出 102 美元，网站能自动将 100 元本金和 2 元转账费用分类记录。你在同一个商场通过一笔支付购买了衣服、礼物等不同品类物品，网站可以自动将该笔交易拆分到不同目录内进行分类记录。

预算管理。网站可以轻松实现预算管理，设定你每月每一项支出的预算，网站将及时告诉你每项支出已花费多少、预算内剩余多少等信息。

预警。网站能够为你提供 20 多种提醒功能，包括账单提醒、超预算提醒等。

直观的分析图表。网站提供账户的统计分析图表，直观展示你的消费趋势等；同时可以方便地进行年度、月度对比分析。

协助实现财务目标。客户可以设定未来的财务目标，输入需要的钱数、实现目标的日期，并将之与某一个账户关联，网站将向你展示你每天离目标的差距，协助你坚持向目标迈进。

帮你节省支出。网站通过分析你的房贷、信用卡支出、银行账户等信息，告诉你如何可以节省支出。

跟踪你的投资。网站分析你的投资情况，根据你的习惯和风险偏好，为你推荐投资渠道，比如直接连接到 Lengding Club 网站，为你推荐适合你的投资项目等。

账单管理。网站将你的账单汇总到一个地方，并将账单信息及时推送到你的手机上。

2. 客户对服务渠道的新需求与体验变革

客户不仅通过银行网点来体验服务，更会越来越多地通过各种虚拟渠道来体验银行所提供的服务。

银行应该把各个渠道作为一个整体来通盘考虑，其关键在于理解客户的核心需求，以提供全方位的、一站式服务。在这个过程中，银行需要以客户为中心，基于全新的客户体验需求来完善和整合现有的渠道布局。

（1）传统金融服务平台面临全面转型

就中国的银行业务而言，各家银行都在思考如何进行传统服务平台（例如银行网点）的转型。这主要涉及四个方面：

一是从网点所在区域客户环境特点出发，重塑网点策略，重新定义网点功能。根据网点处于商业区、商务区、居住区、政务区、科技园、校园、专业市场、超市等环境和客户群特点，进行差别化的产品服务定位。

二是网络社区和现实社区相结合，变"坐商"为"行商"，推进网点所在社区金融服务，改变网点营销模式，即由等客上门，对网点内客户进行被动销售的"坐商"模式，转变为主动出击，有针对性地将网点外围的客户管理起来的"行商"模式。

三是开展渗透到企业网站、专业网站、职业网站的嵌入式营销，与客户一起创新，如引入O2O模式，线上线下相结合。

四是引入业务与技术创新，实现服务升级，实现多渠道同步部署和统一签约。

（2）新型金融服务平台更加蓬勃发展

一是 ATM。通过新的远程虚拟柜员机（Virtual Teller Machine, VTM），银行可通过视频在交易前、交易中和完成交易时与客户接触和交流，未来可利用指纹和面部识别提高安全性、互动性和个性化。

二是网上银行。银行可在产品选择、购买和售后三个阶段借助网上银行与客户接触，并通过互动设计（IxD）、可用性测试（UT）让客户实现更有效率、更便捷和更满意的使用。

三是移动银行。客户行为是改变银行的真正力量。客户喜欢手机或平板电脑的个性化、可移动的特点。未来，移动银行将会成为主要的服务渠道。

四是社交金融。一方面，银行可以与客户在社交媒介上进行公开、透明的对话，可了解客户对品牌的看法，宣传品牌并履行承诺。另一方面，银行还可以引入社交金融的概念，把金融转账，AA 付款等功能与客户的朋友圈相结合，提供更为便捷和人性化的服务。

毫无疑问，BANK3.0 时代是客户无限细分的长尾效应时代，是渠道技术加速裂变的时代，是产品快速灵活组合创新的时代，各个银行的 CIO、CTO 需要思考三个问题：

以什么样的业务和 IT 融合快速响应市场？

在云计算支持下，面向服务构架（SOA）如何与业务架构对接？

如何进行基于产业价值链对互联网金融谋篇布局？

第二节　BANK3.0 时代重塑客户体验的关键点

BANK3.0 时代，金融服务创新者应该是一个心灵猎手，能够深入客户的内心世界，发现真正打动人心的需求。比如：

你能不能充分以客户为中心？

你能不能提供优于同业的客户体验？

......

要想回答这些问题，你就必须关心客户的核心需求，为客户带来价值。毫无疑问，BANK3.0时代，重塑客户体验是一项战略性综合工程。

一、重塑客户体验的三个思考视角

如果把BANK3.0时代重塑客户体验作为一篇完整的文章去看，要从三个视角思考。

第一个是高管层所关心的"语境"视角。他们关心的是在互联网金融价值链上的具体价值定位，比如要对电商进行大幅度的投资吗？能带来多少回报？客户满意度会提升多少？投入产出效率如何？

第二个是部门负责人所关心的"语义"视角，即实现战略目标的流程能力，例如在互联网上响应客户化定制的速度如何？与产业链条上合作伙伴的流程能力如何有效对接？

第三个是业务和技术人员所关心的"语法"视角，例如模型驱动开发，流程、产品、数据、渠道客户体验需求和IT界面设计标准等。

三个视角综合分析，才能总体把握互联网金融客户体验整个"语篇"。避免在拓展互联网金融业务时盲目决策，或资源缺乏有效整合。

二、重塑客户体验的八个关键点

重塑客户体验是一项战略性综合工程。BANK 3.0时代，追寻客户体验制胜，银行需要从品牌、客户、产品、渠道、流程、技术和组织环境等方面入手，谋篇布局。

1. 塑造值得信任的企业品牌和公民形象

公司形象是公司品牌与业务目标中不可或缺的部分。例如：联合利华公司的"可持续生活计划"是该公司对客户的不变承诺，关注于改进客户的工作和健康条件。为了履行这个承诺，公司为零售商培训相关产品知识、创新店内宣传活动来教育和接触客户。同时，在公司网站上专门辟出页面来描述公司目标和最新进展。

同样，银行可建立公司的品牌形象并履行更广泛的社会责任。比如，全球最大的金融服务提供商之一的英国巴克莱银行（Barclays），是一家非常注重社会责任的企业，曾制定一个"2015 年市民计划"，支持 12 万中小企业的成长。该银行也提供了实习和工作体验活动来帮助年轻人和失业人员找到工作。

此外，为塑造值得信任的企业品牌形象，银行的品牌承诺应该与客户在各个银行互动触点的品牌体验相一致。

2. 提升全方位的客户分析和管理能力

提升客户体验的核心是理解客户的需求。为了带给客户良好的客户体验甚至超越客户的期望，银行要具有度量客户行为变化、机构创新速度或价值创造的能力，但现在很多银行仅能统计出基于渠道的单一指标。

渠道和产品之间本应是一种互补与共生的关系。比如，通过分析收入，银行可以了解利润，而通过客户行为分析，银行可以知晓各渠道的产品利润以及未来的改进方向。所以，通过各种渠道收集客户数据并进行综合分析是非常必要的，包括传统的交易数据、卷宗文档，以及大数据和外部客户市场研究数据。

将银行内部信息与外部客户研究信息相结合形成客户分析记录，银行可获得在真实生活中的客户独特需求和偏好，然后通过应用这些复杂的分析记录，银行可为客户量身定做并适时主动推送产品和服务。

现代商业银行的竞争可以说就是基于服务和信息的竞争。数据挖掘技术可以有效地从大量的客户数据中发现有用的信息和知识，进而有效提升客户关系管理的质量，提高银行竞争力。

在银行业，基于全方位的客户数据挖掘分析取得了显著进展和应用，比如银行业的客户分级管理已经非常成熟，典型的分级包括普通客户、VIP 贵宾客户和私人银行客户。

各家银行为了提升高价值客户的保有率，针对高价值客户均提供更有针对性和更高质量的配套产品与服务。比如针对不同价值的客户，提供不同的服务场所（普通营业厅、贵宾理财室、私人银行中心），不同的服务人员（普通高柜、低柜理财经理、VIP 理财经理、私人银行客户经理），不同的产品（一般理财产品、贵宾客户专属理财产品、私人银行定制产品）。

为高价值客户提供更优质的服务，加强高价值客户关系，提升高价值客户占比和忠诚，是各家银行共同的战略。

3. 培育产品快速创新能力

BANK3.0 时代，客户细分已经产生客制化的巨变，产品创新需适应客户需求、细分需要、加快组合推送速度，渠道技术演变进化周期也越来越短。有的客户需要迅速获得跨领域、一体化、一站式的服务，有的客户需要自行定制个性化产品服务。

银行若想在 BANK3.0 时代做到基业长青，就需要遵循"业务需求模型化、模型驱动开发"的原则，采用企业工程方法设计企业自己的业务架构和技术架构，并且充分对接。业务架构包括分别建立并相互连接成为一个整体的流程模型、产品模型、数据模型和用户体验模型。

在业务架构与 IT 架构充分对接的基础上，不仅企业业务数字化、智能化程度大大提升，基于业务和 IT 融合衔接的产品工厂，企业的产品创新速度也将出现质的飞跃，从过去按月、按年计算，转变为按周、按天计算。

也就是说，在这种充分的面向服务的业务架构和 IT 系统模式下，基于适应客户体验而诞生的绝大部分新产品服务将采用模块化配置方式实现，只有少量的产品服务零部件需要 IT 开发。

4. 让客户加入到产品设计流程中

所谓重视客户参与，主要是让客户加入到产品设计流程中，特别是有关界面和语言的部分。目前，银行自行设计产品解决方案，几乎没有客户的参与。事实上，客户行为的变化会带来业务模型的变化，客户的参与给银行带来的竞争力将超越银行自身常规市场营销能力。为了提升客户体验，银行需要重新设计与客户的互动关系和活动，并且需要改变预算的分配方式。

要重新思考客户如何在多渠道和实时交易的情况下与银行互动。互动设计的科学性不仅仅局限于用户体验和界面设计，而且需要将设计流程根植到行为分析、人口统计学、消费心理学中，最重要的是深入理解客户的行为。

目前，尼尔森已经采用多种方式把"客户参与"纳入到银行创新流程中，包括传统的座谈会和深度访谈，以及更为先进的市场研究技术包括脑神经科学、眼动仪等。通过这些研究，银行往往会发现客户其实是最好的创新灵感来源。

另外，在 BANK3.0 时代，大众客户化定制已经悄然来临。通过在互联网站建立客户化定制服务，方便客户自主选配产品零部件，在企业的支持下创造出符合其个性化需要的产品。这种服务体验也可以是跨企业整合的。且看以下场景：

> 客户在捷豹汽车网站上定制一款自己钟爱的个性化汽车，跳转到某银行网上银行上定制适合自己还款付息方式的汽车贷款类型，这组配套定制的模拟过程中，客户能实时可见所试选产品服务组合的综合价格。
>
> 24 小时以后，客户在捷豹汽车 4S 店体验交付的定制汽车后，用手机银行扫描捷豹汽车二维码，启动汽车金融服务签约，使用手机银行上 30 分钟内完成汽车消费贷款，将车开走。
>
> 客户将这种体验在微信上分享给朋友圈后，将不断扩展大众客户对捷豹汽车和某合作银行的美誉度。

5. 提升与客户的多渠道整合接触能力

通过应用复杂的 360 度分析，银行可打造一个有效的平台帮助公司接触客户。该平台起始于利用所有可获得的客户信息来定义客户（包括行为、需求、盈利性、偏好等），并通过持续的边测试边学习的方式，来预测和识别客户需求，并识别最有利节约成本的客户接触渠道。

例如世界著名奢侈品牌零售商巴宝莉公司（Burberry）的高性能分析设备 HANA①，可以收集大量的客户信息。当客户进入店面的时候，店员通过利用该公司客户云应用的数据和公司 SAP 上的交易数据，可在 iPad 上看到客户的所有信息和交易记录。该应用打破了不同交易渠道的壁垒，使销售人员可根据客户的偏好和需求来更好地销售产品。

现在面临的最大问题是银行内部不同渠道的责任部门很多时候将对方看做是竞争对手，产品团队间也存在竞争。同时银行在促进这些渠道责任部门间合作的激励约束机制也不够有力，这就导致客户在不同渠道或产品上获得的体验不一致。

因此，银行应该建立机制使各渠道的责任部门跳出固有的小圈子而通力合作。这样，银行将客户行为与品牌效应结合得越紧密，客户与银行间就越会形成越多的接触与互动。譬如建立以电话中心为基础的一体化的客户服务中心，提升电话中心解决问题的权限和监督问题解决的职能，使其发挥客户意见倾听和解决窗口的作用。

在开展全渠道营销方面，分析工具可帮助银行加强分销，并为客户提供不同渠道的相同使用体验。利用分析工具，银行可了解客户的历史渠道使用偏好，可提示客户使用最适合的渠道来留住客户并降低

---

① 高性能分析设备（High - Performance Analytic Appliance，简称 HANA），是一个软硬件结合体，提供高性能的数据查询功能，用户可以直接对大量实时业务数据进行查询和分析，而不需要对业务数据进行建模、聚合等。

银行成本。

现在有很多其他行业企业已经通过不断的努力实现了客户在不同渠道使用的无缝转换。例如英国的食品零售巨头乐购（TESCO）是全渠道分销的翘楚。该公司在韩国的分公司在地铁中开设了第一家虚拟商店。购买流程进行了革命化的变更，商品展现在屏幕上，客户可扫描条形码将产品放入网上购物车，当客户到家时商品也送到家了。

银行也应具备全渠道的营销能力来吸引并留住客户，基于客户细分模型、交叉销售模型、事件营销模型等，采用多种互动式营销方式，为客户提供精准的营销信息，而不是骚扰性的营销信息。

6. 构建新的组织架构和管理体制

目前，银行的组织架构建立在以网点为主要交易渠道的基础上，而不是建立在多渠道或以客户为导向的理念上。银行需要构建新的管理体制以再造客户体验来迎接持久的挑战。比如商业银行需要通过流程再造，进一步细化现金管理与贸易融资之间在订单、发票等融资信息交互上的业务规则，做到现金管理的"应收应付管理"与贸易融资的无缝衔接；现金管理的"应收应付管理"应完善集成供应商融资申请、核心企业订单、发票自动比对和真实性确认相关业务规则，增强融资管理能力。

同时，银行还需要打造数字化的流程。数字化的流程对于成功的全渠道销售和物理网点的再设计必不可少，因此银行要提供强大的 IT 支持。同时数字化的流程还意味着，在大数据基础上能够向管理层、客户经理和柜员主动推送各类业务决策支持信息和专业化信息分析报告，以及在大数据基础上灵活地自定义查询报表，实现"数据→信息→知识"的客户体验转变。

7. 提升数据处理能力和核心平台设计能力

随着众包、推特、脸谱等社会媒体和智能手机的不断进化，客户对银行的预期和接触方式也随之变化。银行的真正艺术在于数据处理、筛选和应用能力，创造出更好的方式来服务客户，或帮助企业做出及时和准确的决定。

科技不断发展，触屏代替了鼠标和键盘，用户友好的界面和应用平台开创了组织、处理和选择重要数据的全新方法。核心平台技术使得银行系统更加灵活、开放和易于合作。云技术和 APL 囊括了客户生态系统中的各类角色，提供了实时解决问题和提供解决方案的能力。

BANK3.0 时代重塑客户体验的关键，还在于 IT 开发要实现从传统的信息工程向企业工程的转变，这种转变大约有三个关键点需要把握：

其一，信息工程方法是从具体的业务功能需求到具体的交易服务，即由个性化、差异化的业务需求入手，经过不同的业务功能和界面分析，再进行模块化设计和开发，其抽象化、整合程度主要依赖于开发团队。而企业工程恰恰相反，是先归纳抽象出规范统一的业务规则（即标准化流程和去 CPC 的业务规则）、数据模型和产品模型，再描述这些流程和业务规则是如何在不同的客户、渠道、产品上进行个性化和差异化的运用。开发团队是基于整合的业务模型设计 IT 系统行为的。

其二，信息工程方法容易造成应用的独立性，经常是麻雀虽小，五脏俱全；而企业工程方法则强调专业与协作，强调不同组件间的信息共享和数据交互，追求"我为人人，人人为我"的境界。

其三，信息工程方法则关注具体的业务或者部门级应用，企业工程更强调从全行角度进行整体设计。

只有基于企业工程的设计开发方法，才能够胜任重塑客户体验的任务。

8. 创建有效的组织环境和人力支持环境

要顺利实现以上客户体验重塑的重任，一方面，需要各级管理人员转变观念，拿出专门的时间来直接体验产品服务的质量状态，亲自接待和听取客户意见，带头研究解决产品服务质量的相关问题，建立客户分层、渠道分类基础上的服务标准化系列。

另一方面，需要发动全体员工的群体智慧，为改善客户服务献计献策，需要在加强履岗能力培训、服务标准执行检查、客户满意度等监测考核的基础上，充分发挥广大员工的主观能动性和创造性。

这意味着，以客户为中心的理念需要客户组织的必要变革，包括企业组织结构、员工行为、技术，这同时也意味着，企业需要培养一批懂得企业工程的业务架构师，IT 人员也要完成模型驱动开发的艰巨转型。

更深层次的意义在于，业务模型不仅仅用于驱动开发，同时也是一个业务统一视图，用于引领组织架构变革，使企业真正成为以客户为中心动态组织资源的流程化组织。

第三节　基于 BANK3.0 的大众化客户定制服务

所谓大众化客户定制（Mass Customization），指的是"消费者将其自定义的产品需求传递给生产者，再由生产者将其制造出来返回到消费者"的一种精益化生产方式。

大众化客户定制的主要特点就是"以类似于标准化和大规模生产的成本和时间，提供客户特定需求的产品和服务"。银行业的大众化客户定制服务是银行客户服务精益化的具体体现，更是对重塑客户体验的直接响应，也是应对互联网经济下客户需求变化的主动选择。

体验经济时代，个性化需求盛行，金融服务中的客制化（即私人定制）呼之欲出。但个性化与定制往往又意味着银行成本的增加，如何取得平衡成为很多银行头痛的选择。随着 BANK2.0 向 BANK3.0 过渡，金融产品创新和服务方式的进化大潮已至，在这一背景下，如何采用精益服务思想确保创新和私人定制的低成本与高效率显得尤为重要。大众化客户定制服务概念正是在这一潮流中脱颖而出。

一、BANK3.0 时代银行业的 CIY 客制化

人类工业史从 19 世纪的 DIY（Do – it – yourself）客制化走过 20 世纪"大规模制造"，现已来到 21 世纪的 CIY（Create – it – yourself）客制化。

客制化水平较高的银行，例如澳大利亚联邦银行（Common Wealth Bank），其产品服务创新能力就不是每年数以百计，而是潜能无限，真正体现以客户为中心。还有很多类似于汇丰银行（HSBC）、马来西亚银行的金融机构，至少已将自己的产品服务打上 CIY 色彩。

C2B 模式下的大众化客户定制，即消费者将其自定义的产品需求传递给生产者，再由生产者将其制造出来返回到消费者，已成为互联网经济衍生出的一个"长尾效应"。

相对于传统的 B2C 模式，C2B 由消费者驱动，基于互联网和大数据围绕消费者挖掘价值，形成未来商业模式的代表性潮流。从某种意义上来看，第三次工业革命将是一个从"大规模制造"向"大规模定制"演进的过程。

事实上，不知不觉中人们已置身于 21 世纪"大规模定制"大潮浪端。从物质到精神，从实业到金融，客制化产品已经袭来。

在物质生活上，客制化已经无所不在。耐克客制化球鞋，Levi's 客制化牛仔裤，Burberry 客制化风衣，Dell 客制化电脑，Mattel 客制化芭比娃娃，Hallmark 客制化故事书，Mars 客制化 M&M's 巧克力，福特客制化野马（Mustang），Pottery 客制化家具，还有星巴克客制化咖啡。

就连精神生活也充斥客制化。脸谱（Facebook）传送客制化的动态消息，亚马逊（Amazon）提供特别针对你的娱乐推荐，Google 展示只为你播放的边栏广告，Netflix 提供个人化节目，Pandora 是播放心爱音乐的个人电台，eHarmony 提供个人化交友，配有 Google 地图的 iPhone 应用程序告诉你看完电影后去附近哪家美味餐厅用餐，电影则是另一种应用程序推荐的。

一些跨国公司已将客制化触角延伸到亚洲。例如在中国大陆，消费者可以享受到星巴克、耐克、捷豹汽车等公司的客制化服务。同时，中资企业也在进行客制化探索，例如一些企业可以得到中国联通、中国电信为其提供的客制化服务。

金融领域也在悄然发生转变。例如，亚洲的韩国、马来西亚等国均已出现基于互联网的客制化银行产品。以马来西亚银行（Maybank）为例，其客户产品化配置功能主要部署在网上银行：

在"查看我的定期存款账户"中，可以查看到客户现有的标准的、客户化配置的定期存款产品类型，以及每类定期存款产品类型下的具体定期存款产品。

通过"在线配置新的定期存款产品"按钮，可进入到产品客户化配置过程中，可选择此产品隶属于"独立"账户还是隶属于"联名"账户下，对于每一个客户所配置的产品，都有一个唯一的产品编号进行标识。

客户首先需要选择此产品的期限，不同的产品期限取值与银行对客户价值的识别，共同确定该定期产品的其他可供选择的产品属性、条件及具体取值范围。根据具体客户价值，马来西亚银行为其提供 1~60 个月的期限选择范围。

客户确定产品期限后，需要配置"资金来源账户""本金数额""利息支付频率""利息支付方式""到期指令"这几个选项的取值。

根据上一步相关取值的选择，马来西亚银行为客户提供了基于其客户价值及存款产品配置情况的定期存款利率。若客户不接受此利率，可以重新修改配置取值；若接受此利率，即可确认该产品。

经客户确认，形成最终产品。产品完成客户化配置，开始面市运营。

二、从 DIY 客制化到 CIY 客制化：让客户掌握"创意所有权"

之前也出现过客制化浪潮，却无疾而终，而今为什么客制化能够卷土重来呢？

人类工业史从 19 世纪的"DIY 客制化（Do－it－yourself）"，走到 20 世纪"大量生产和平价普通"，一直发展到 21 世纪的"CIY 客制化（Create－it－yourself）"，两种客制化的区别在于已从"手工作坊式"转变为"数码制造"。

"长尾理论"一书作者克里斯·安德森在他最近出版的第三本书 *Makers*（《自造者时代》）中，他的目光聚焦于 3D 打印技术的 DIY 客制化，而对于 CIY 客制化能否掀起新一轮工业革命看不清楚。与之相反，根据智慧客制化组织领导人 Frank Piller 的估计，未来十年，美国人购买的衣服将有 15%（375 亿美元）是客制化，购买的食品饮料也将有 5% 是客制化（500 亿美元），从绝对数上已经是巨大的商业机会。

首先是客户需求驱动。"千禧世代"（Millennial Generation，简称为 Millennials），或称 Y 世代或网络世代（The Net Generation），意指出生时间介于 1984～1995 年的年轻人，关键点在于他们还是消费的主力。"千禧世代"具有较浓厚的个人主义色彩，擅长使用和接受科技产品和网络，这些年轻人生活的每一个层面都充满客制化成分，他们对同质化有一种恐惧，就像女士对撞衫那样敏感。

其次是科技进步拉动。客制化与 2000 年以来的几项数码制造科技发展有关：一是有史以来第一次，网络让生产者与消费者直接连接起来，不需要通过实体零售商；二是线上设计工具让消费者不需要昂贵的专业协助，也有能力设计自己的商品；三是与电脑直接相连的 3D 打印机。

因为上述两种动力的影响，情势发生了逆转，社交媒体成为营销、广告的核心，使得营销方式从 20 世纪"大量生产"时的"推式营销"（Push marketing），转变为 21 世纪的"拉式营销"（Pull marketing）。也就是有消费者决定他们要什么，利用网络设计工具创造出来，要求企业为他们制造。

例如，根据一对年轻夫妇在网上输入的数据，客制化家具公司根据数据搭一个模，一个三维的房子就在电脑上出现了，根据他们的出价范围和对家具基本的选择，给出一套三维方案。客户可以修改，也可以与它的销售员一起修改。这可以大大减少家具买回来以后的夫妻吵架。所以，这种 C2B 模式将成为未来电子商务的发展趋势。

客制化带来的关键影响在于，让客户对你公司的产品掌握"创意所有权"。当客户就是你公司的设计师时，他们会在网络上与朋友聊起通过你公司的服务创造的东西，或将其定制的产品照片贴在 Facebook 上，从而将所有的朋友，以及朋友的朋友带到你的网站。

更重要的是，客制化能很好地适应客户体验里的文化和心理因素。例如在前述马来西亚银行（Maybank）客制化案例中，由于在马来西亚存在大量伊斯兰公民，伊斯兰公民与非伊斯兰公民对于银行金融服务及产品的类型及具体属性、参数条件存在巨大差异，故马来西亚银行在"配置新的定期存款"中提供面向非伊斯兰客户的"传统定期存款"产品，面向伊斯兰客户提供"伊斯兰定期存款"产品。

三、成功客制化服务的秘诀："有限选择"的标准化供给

在互联网行业，有人说当你的产品（包括服务）不能让用户成为产品的一部分，不能和他们连接在一起，你的产品必然是失败的，兜售参与感是很多互联网企业成功的秘诀。

客户需要"兜售参与感"。这源于互联网文化基因里的共感力、同情心和同理心。一种情况是按需定制，厂商提供满足用户个性化需求的产品即可；另一种情况是在用户的参与中去优化产品，每次的新品上市，都会把设计的款式放到其管理的粉丝群组里，让粉丝投票，这些粉丝决定了最终的潮流趋势，自然也会为这些产品埋单。让用户参与品牌传播，便是粉丝经济，没有粉丝的品牌都会消亡。

客户体验至上。产品即服务，服务即营销。好的用户体验让用户有所感知，并且这种感知要超出用户预期，给用户带来惊喜，贯穿品牌与消费者沟通的整个链条。

这些因素的影响越发广泛：

一是客户就会变得越发自信，并更加主动地控制他们与银行业务关系。

二是客户变得缺乏忠诚，而且更加愿意尝试新的银行业务。

三是客户之间交流更加紧密，发表对不同银行的评论。客户对银行提出的要求更高。

面对快速变化的环节，银行需要为客户带来更大的便利，将被动转化为主动。这需要的不仅仅是简单的改变，而是要重新设计围绕客户需求的商业模式并更新产品创新和服务方。大众化客户定制应运而生。

所以，大众化客户定制的一大特点就是实现了规模化与客制化的有机平衡。一方面，企业有必要对消费者的选择给予一定限制，即提供"有限"客制化，若选择太多便会破坏客制化的经济效益；另一方面，必须将选项标准化，否则便无法将生产过程自动化和规模化，等于迫使自己回到传统的 DIY 客制化模式，而不是 CIY 客制化。

目前市场上的客制化可以分为四种类型：

一是完全客制化（提供基本材料供客户定做）；

二是空白画布式客制化（由消费者买回去自行动手客制化）；

三是轻客制化（提供给团体而非个人）；

四是局部客制化（在大量生产的产品上印制客制化的名字或照片）。

无论哪种类型的客制化，若企业想基业长青，都应当按照精益化的原则处理，也就是将多样化解构成标准化元素。

大规模和量身定制是一对矛盾，按照传统思维只能大规模或量身定制。而用标准化的方法处理多样化能够解决这个矛盾，能够同时满足大规模和个性化量身定制，用标准化的成本做个性化的服务。

多样化被标准化的背后是生产过程的简单化，这是大众化客户定制的产业逻辑。例如在五笔字型中，把汉字的基本字根解构为130种，加上一些基本字根的变型，共有200个左右，这些字根对应在键盘上的25个键上，几十万个汉字都可以客制化出来。

捷豹汽车（Jaguar）能够通过其网站为中国大陆客户提供购车流程客制化（灵活的经销商选择、集团客户购车解决方案、自主化预约试驾计划），汽车配置客制化（车型、内饰、外饰、发动机、保养与维护），金融服务客制化（贷款购车、租赁业务、限时优惠方案和保险服务），售后服务客制化（客制化售后保养与维护套餐、汽车服务管家手机应用、微信交互体验），客户的任何定制产品均能实时显示相关价格。其背后的基础必然是其企业内部从营销、定价、销售、签约、结算、核算、售后服务等一系列流程，以及所有基础产品及其零部件标准化，以及与银行、保险、租车公司等一系列合作企业协作服务流程的标准化。

对于中资银行而言，如果具备了与捷豹汽车一样的企业级业务建模和产品工厂能力，以及业务模型驱动IT开发的一定成熟度，也就具备了在互联网以及移动互联网竞争环境下脱颖而出的先导优势。当然，这种优势能否释放出来还取决于银行的战略眼光和执行力。

可以预料，随着银行信息化程度的提高以及互联网金融的发展，大规模的"私人定制"也能够将普通老百姓引入个性化理财的大门。

目前，银行业正加快"智慧银行""智慧网点"建设。有理由相信，在中国银行业，大规模客制化在不久的将来会成为一种主流的常态化的服务形式。

第四节　全方位倾听客户的声音

银行精益服务的根本理念之一是"真正的客户化"，从客户的角度思考问题，深入理解客户需求及其背后的动力，确保银行服务能真正站在客户的角度来定义和传递价值。

客户的需求和体验被认为是精益服务的基石，驱动着现代化银行的运转：一方面，客户需求和体验是银行产品创新、界面优化与流程再造的灵感源泉；另一方面，客户需求和体验也是验证银行产品创新、界面优化与流程再造的重要标准。

这就意味着，在银行精益服务中，不管是重塑互联网时代的客户体验，还是满足互联网时代客户需求的变化，都离不开全方位地、持续地听取和解读客户声音。

一、让"客户之声"变成银行最灵敏的精益服务神经系统

银行要想成功实施精益服务战略，首先需要搭建一个强大的精益服务神经系统，以确保整个精益服务战略始终能以客户为中心并拥有灵敏的市场反应能力。毫无疑问，全方位听取"客户之声"（Voice of the Customer，简称为 VOC）是最理想，也是最有成效的举措。

目前，已经有很多银行建立 VOC 处或 VOC 团队，帮助银行系统听取 VOC，指导银行产品创新和流程优化，提升银行精益服务水平。部分银行直接把 VOC 职能建立在战略部门，把 VOC 的分析提升到全行战略高度。

　　银行机构存在客户数量众多、业务种类繁杂、收集渠道多样、处理要求高等特点，这些决定了 VOC 在银行经营中有着举足轻重的地位。

　　在银行业广推精益服务战略的大背景下，听取 VOC 更是意义重大。有银行家提到，在当今时代谁听懂了客户的声音，谁就将赢得市场！

　　那么，究竟什么是 VOC？作为一整个正式的系统化的客户信息采集工程，有着什么样的逻辑流程呢？

　　19 世纪 80 年代后期到 90 年代初，VOC 一词开始出现于全面质量管理（TQM）领域，之后很快就成了企业的日常用语之一。如今收集 VOC 在市场拓展和开展精益六西格玛项目，特别是在企业创新过程中，具有举足轻重的作用。

　　那么什么是 VOC 呢？所谓 VOC，用最简单的话来说，就是"客户的声音"。VOC"既是对客户需求和期望的表述，也是对客户体验反馈的理解"。

　　从实际操作的角度看，VOC 是一个有着明确定义的识别用户需求的严格流程，是企业理解客户的系统性过程，"一种客户需求和期望内嵌入企业组织和流程——利用多种调查手段，通过统计建模分析，深入了解产品服务的需求、评价和期望。"

　　VOC 项目作为一个正式的系统化的客户信息采集流程，通常包含如下环节：

　　1. 信息的内容

　　获取信息的质量和针对性，远远比获取信息的数量更重要。基于银行的特定商业问题，针对目标客户收集相应的需求、期望或反馈信息，是 VOC 的基础。

2. 信息的收集

收集信息的方法很多，包括定性与定量。定性包括座谈会、深度访谈、实验研究等，定量又包括电话、网络、面访、日记、脑神经科学等。总之，针对商业问题选择最有效的数据收集方法可以让 VOC 事半功倍。

3. 信息的分析

原始的大量信息收集起来后，如何解读和分析这些信息，如何借助成熟的研究模型和有经验的研究人员进行分析并形成结论和建议，直接决定了 VOC 信息的使用价值。

4. 信息的传导

VOC 收集并加工后，在解决商业问题过程中，往往会涉及银行多个部门和人员。让相关人员理解、讨论并接受 VOC 的结论，决定了 VOC 是否能够导致行动与变化。

5. 信息的产出

VOC 的信息如果最终不能传导为改进行动，那么之前所做的所有努力也就失去了意义。只有把 VOC 转化为流程改善、产品创新等行动，才能影响客户的期望与体验，进而解决银行面临的商业问题。由精益六西格玛黑带建立项目小组进行关键改进与控制往往是必要的。

就"产出"环节而言，VOC 项目又被称为"双 M 改善项目"，即测量（Measurement）和管理（Management）相结合的项目。完成 VOC 报告意味着企业已经完成了测量阶段，下一步就是有针对性地加以管理改善。有经验的调查者都知道，有效的反馈系统远远不只是提出正确的问题，它还需要及时、可信赖、可操作的响应，这正是 VOC 的生命力所在。

6. 信息的循环

当行动计划执行并实施后，仍然需要通过 VOC 去了解客户的体验与反馈，验证行动的效果。从这个角度说，VOC 信息收集、处理、行动、验证是一个持续循环的过程。通过信息的循环，银行服务能力不断提升，客户体验不断提高，进而支持银行的商业产出不断优化。

毫无疑问，VOC 对现代银行业而言，意味着今后银行业的服务质量管理将是一个逆向管理和量化管理的过程。VOC 不但是流程银行建设的源头，也将是贯穿精益服务的全过程，并最终评判精益服务的效果。

二、银行如何搭建体系化、流程化的 VOC 系统

作为银行精益服务战略的保障性工作，同时作为一个系统化的客户输入信息采集流程，银行业的 VOC 研究有其内在规律和需求，一方面需要建立完善的 VOC 系统，另一方面需要建立完善的客户跟踪与解决机制。

下面以国内某商业银行为例，具体介绍一下银行机构的 VOC 系统是如何运作的。

1. 建立全行"客户之声系统"（VOCS）

2006 年以来，该行秉持"以客户之声和战略之声驱动为流程改进依据，以精益六西格玛管理为改进实施手段，以客户满意度和投入产出分析为改进效果考核标准"的工作模式，搭建了 VOC 和员工合理化建议向流程优化成效的转化渠道。

该行的 VOC 项目的目标是建立"集外部客户之声调查、内部流程用户之声调查和数据挖掘系统于一体，用于收集、整理、分析、评估以

及在银行内部传递和分享客户之声"的全行客户之声系统（VOCS），将 VOC 提升到战略决策层面。

于是，自 2007 年起，该行建立了包括行长接待日、每日动态、客服热线、网站留言、网银邮件、客户服务质量调查、客户满意度晴雨表等多种方式的外部 VOC 调查体系。

外部 VOC 调查通过采集、整理、分析、挖掘外部客户需求，调查客户满意度，建立全行客户满意度晴雨表，用于监控全行各业务领域的客户满意度变化，分析影响全行及各业务条线客户满意度变化的主要因素，从客户视角认真查找服务薄弱环节和突出问题。

比如客户接待日，作为动态了解和解决客户诉求的重要窗口，它等于在客户经理、客服电话之外，又增加了一条与客户面对面沟通交流的渠道以及时捕捉客户需求，及时解决客户问题，并及时改善客户体验，将外部客户需求作为持续改进客户服务和流程再造的市场驱动力。

2008 年 1 月以来，由其总行和各级分支机构分管个人银行业务的行领导，在每月第二周的第一个工作日直接接待客户，倾听客户对该行的建议和意见，其内容涉及服务一致性、差别化服务、基层员工业务技能、客户信息保密、理财产品风险提示、产品宣传力度、理财知识讲授、完善信用卡服务等多个方面，通过客户接待日，不但展示了该行对客户的重视，强化了以客户为中心的品牌形象，同时又收集了大量有价值的意见与建议，用于支持内部产品和流程改进。

而全行客户满意度晴雨表则是该行首次建立客户满意度基础数据库和实施客户满意度管理的行动，其作用相当于定期体检，为流程改进和创新提供线索和依据，并为流程改进和创新的成果提供评价标准，同时客户满意度晴雨表调查结果还被纳入对分行 KPI 的考核。

自 2007 年以来，该行招聘第三方独立调查公司，从细分客户、产品、渠道、区域等多个维度，全面、动态地为全行客户满意度的变化检测把脉，并针对影响当期客户满意度的关键因素实施一系列专项调查。

此外，在整个客户之声系统中，还存在着完善的 VOC 层级。

所谓 VOC 层级，就银行而言，是指除了基于全行层面的 VOC 管理机制，还应该有基于专门渠道和平台的 VOC 管理机制，甚至还有更加专门化的 VOC 平台，即第三层级的 VOC。

比如，到 2010 年的时候，该行在个人网银客户满意度评价与监测方面，已经初步形成了两个层级体系的 VOC，即"全行客户满意度晴雨表项目"（一级 VOC）的定期监测，和"个人网银专项客户之声"等项目（二级 VOC）的定期调查分析。

但仅有这两个 VOC 层级还不够，比如对影响个人网银客户满意度的关键驱动因素及重要功能等指标若缺少有针对性的、持续的监测，就无法掌握个人网银客户满意度的变化趋势，并根据波动情况分析原因。

为此，该行又借鉴美国银行（Bank of America）经验，研发部署了个人网银客户满意度在线追踪工具——页面级反馈工具①，具备了开展个人网银客户体验持续监测的能力，从而构建了适合自身特点的个人网银三级 VOC 体系。

2. 形成完善的客户跟踪解决机制

真正科学有效的 VOC 项目，需要形成完善有效的 VOC 收集、传导和跟踪解决机制，也即流程化。以该行为例，其客户跟踪解决机制具体包括五个板块：

一是全面收集各渠道的 VOC。凡是由行长接待日、每日动态、客服热线、网站留言、网银邮件等各渠道转来的建议和意见，均作为客

---

① 这是一个低成本、常规化获取电子银行 VOC 的重要渠道。通过该工具可随时邀请客户针对网上银行具体产品、流程、功能、用户体验的改进与提升等各方面提出意见，并通过统计分析，快速定位客户关注程度高、意见较大的页面及问题。

户之声由客户体验中心统一收集、整理、储存，并在客户体验中心设置专岗、专人负责该项工作。

二是统一编码归类定级管理。制定符合自身特点的、统一的编码规则，对所有采集到的问题均采用该规则进行分类，并确定严重等级，转化为标准格式进行存储，确定问题对应的责任团队，为后续的管理、传导、跟踪、分析奠定必要的数据基础。

三是及时传导、反馈客户问题。建立客户问题与责任团队的合理对应关系，发现问题及时流转，明确问题责任人及处理状态，解决优化方案，并对其进行反馈，从而不断提高客户问题的处理响应速度，缩短客户问题的流转时间。

四是持续跟踪解决。以周、月、季、年为统计周期，就客户问题反映趋势、处理状态、结果等情况进行通报，针对客户焦点问题，定期组织相关业务团队召开分析会，逐条研究解决方案后定期对其进行滚动跟踪，直至问题解决为止。

五是深度挖掘分析。在数据积累的基础上，实现对采集问题的多维度分析、展示，发现并评估问题趋势与倾向。

即使具体到单个渠道，同样有着规范的 VOC 收集、传导与跟踪解决机制，比如该行的信用卡 800 客服中心，同样有着规范成熟的 VOC管理机制（如图 2 - 2 所示）。

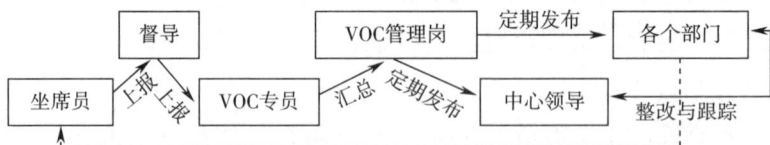

图 2 - 2 客户跟踪解决机制流程图

①该中心的每位坐席员都是 VOC 的倾听者，他们每天对客户的投诉、建议以及服务记录进行整理，将有价值的信息上报督导。

②督导对服务记录再进行分析，把客户反映比较集中的问题上报给每个客服中心设置的 VOC 专员。

③VOC 专员将这些信息连同从内部论坛、互联网、对外服务邮箱等渠道收集到的信息一并整理、分类，形成 VOC 报告，汇总到 800VOC 管理岗。

④800VOC 管理岗通过进一步核实、甄别、整理，形成专题通报，定期发布给中心领导和各个部门。

⑤随后，该中心开始启动相应的改进和优化工作，客户的建议或是立即成为新的业务实践，或是被列入中心下一步的工作计划，或是纳入正在推进的改进项目、专题调研、跨部门协调会议，信息的价值被不断挖掘，并逐渐成为推动业务进步的动力。

⑥在每月的 VOC 专题会上，信用卡中心还会跟踪检验各项 VOC 的落实情况，通过现场协调，当场决策，迅速解决问题。

VOC 不断解决着信用卡服务的各种问题，推动着业务流程的改进，而它自身同样也在经历着转变和发展。比如随着一个个问题得到解决，收集到的问题越来越少。更为可贵的是，原来客户大都是投诉、抱怨，而现在开始越来越多地提出建设性意见。

总之，VOC 调查在提升服务质量和客户满意度方面的作用是显而易见的，也是多方面的。比如该行通过 VOC，优化了客服电话系统，将人工应答等候时间大幅缩短；针对客户反映的个人结售汇交易系统相应慢、等待时间较长等问题，通过改进交易系统缩短了时间；针对客户反映"信用卡办卡时间较长"的问题，通过梳理和优化流程、提高制卡及寄送效率等措施，将办卡时间减少 3 ~ 7 个工作日，等等。

不过目前中国银行业实施 VOC 也存在诸多挑战，比如：客户的声音过于繁多，无法有效合理取舍不同渠道的声音；缺乏将 VOC 转换成方案和产品特征项的成熟流程；无法有效平衡不同客户之间的需求；无法有效确定最有效率的满足客户最广泛需求的方法；在 VOC 的端到端过程中，缺乏跨职能团队参与的有效模式，等等。

这些问题和挑战都是国内银行业在实施 VOC 项目、进行流程优化、产品创新的时候所要面对的。只有科学地解决了这些问题，才能有效地利用 VOC 提高服务质量。

三、"客户之声"研究个案：某银行客户投诉研究

客服热线是银行机构非常重要的客户之声（VOC）平台。客服热线每天接到的大量客户投诉抱怨和反馈意见，通常蕴含着非常宝贵的市场信息和客户需求，针对客户投诉展开研究是一项涉及客户需求、客户体验等综合性的研究活动。

尼尔森一直主张，应该把客户投诉作为一项最为宝贵的资源进行深入研究和分析，找到规律和问题，使之成为驱动银行精益服务改进的导火索。

但部分银行仍然把客户投诉视为洪水猛兽，通过 KPI 考核，要求各分行保证客户投诉率逐年下降，并且要求下降的百分比缺乏科学依据，往往根据经验确定。结果在实际操作层面，各分行为了完成考核指标，往往通过设置客户投诉障碍和有选择地对客户投诉进行记录等方法来完成考核。

客户投诉信息不但没有变成宝贵的信息资源进行收集和分析，不畅的客户投诉渠道又导致客户体验下降和把各种抱怨、不满通过互联网传播给更多的客户，这与银行处理客户投诉的初衷背道而驰。

下面简单介绍一个尼尔森为国内某银行所做的客户投诉研究案例，这是尼尔森精益服务支持模型在客户精益服务中的具体应用。

1. 项目背景和目的

银行每天都会接到大量客户拨入的投诉与意见反馈，这些客户的投诉往往是银行产品和服务短板造成客户服务体验不佳的集中表现。

银行应该第一时间协调相关部门、分行对每个客户投诉进行妥善处理。不过，这件事情在操作过程中往往会遇到一些实际难题。

（1）投诉分类的科学性有待提高

一方面，投诉分类固定，新问题易被忽略。在收录日常投诉时，银行机构最常见的问题就是投诉的分类录入。面对一些新问题，由于事先设定的分类中没有对应的项目，以至于无法准确分类或者出现分类偏差。

另一方面，投诉分类单一，经常无法完整描述投诉内容。比如一次投诉可能涉及银行存在的多个问题，可能同时涉及产品、人员、流程、环境等，此时只是将该投诉分为其中任何一个类别，都将无法真实反映投诉中所包含的全部问题。

（2）海量数据的实用价值有待进一步发掘

一方面，拥有海量的历史投诉数据，但管理与分析却相对粗放，主要依靠工作人员的简单统计和个人经验来判断其中的突出问题，或者仅仅用于 KPI 考核，在分析深度和对趋势的判断上远远没有达到支持内部改进的需要。

另一方面，海量文字性反馈得不到量化分析，造成银行资源的巨大浪费。因为现有系统却难以真正量化分析客户投诉，只能依靠投诉处理人员与相关管理部门的感性判断，企业难以正确判断各个问题的轻重缓急。

正是因为对投诉所反映的症结和原因无法量化，企业难以采取正确的解决措施；企业也无法通过数据描述历史和趋势，掌握问题解决的真实情况，比如投诉所反映的问题是解决了还是更加严重了。

（3）研究目的

首先，对于客户投诉的管理部门而言，研究希望达到以下预期：

- 发现全行全年度投诉的高发客群/业务/产品/区域；
- 一些总行关注的问题的变化趋势；

- 发现全年度投诉的主要问题，以调整下一年度的创新提升计划；
- 将分析结果用于全行培训。

其次，对于投诉涉及的各业务部门而言，则希望：

- 发现自身客群在投诉的主要问题；
- 主要问题高发的区域；
- 利用现有资源选择重点问题设计改进计划。

2. 研究过程

本次研究分为两个阶段，一个是试验研究阶段，另一个是正式研究阶段。

（1）试验研究

首先，在正式研究之前，先进行了试验研究，主要是抽取某一个季度的数据进行分析。

经过数据导出、建立码表、数据编码、形成报告后，就存在的研究问题进行改进，比如：数据分析维度不够具体，分析结果无法直接用于指导各业务条线的服务提升；数据结果未能与该行工作重点结合，对各条线可操作性不强。

通过双方反复沟通，进一步理解了该行对于投诉分析结果的使用意图。

在新一轮的正式研究中，双方就各部门对结果的预期进行了多次沟通讨论，梳理了投诉管理部门关注的重点分析角度，具体业务部门关注的重点分析角度，得出了双方一致确认的研究框架（如表 2 - 2 所示）。

表 2 - 2　　　　　　　　银行客服热线投诉研究框架

分析维度	对银行的意义
客户性质	• 零售与对公性质不同，客户需求不同、投诉内容也不一样 • 银行管理条线不同，对公和零售独立管理

续表

分析维度	对银行的意义
客户类型	• 针对零售客户，银行的战略重点不同，对不同客户重视程度不同 • 不同类型的客户，需求不同，投诉内容也不同
时间周期	按年份、季度、月度来分析，可以清楚呈现投诉的变化情况
分行	便于银行发现问题的来源以及内部考核
专题分析	针对银行关注的重点，挖掘典型案例

根据投诉内容的特点，尼尔森对传统码表进行创新。比如，业务内容分为网点服务、账户管理费、柜面业务及自助设备等；投诉类型分为流程类投诉、政策类投诉、人员类投诉等。

这种编码方式的作用是：

• 由于银行业务的特点，同一客户遇到的问题可以同时被定性为一种投诉类型与一种业务内容（一些投诉可能涉及多种业务）；

• 从执行层面，业务内容可以帮助各条线发现自身的问题；

• 从管理层面，投诉类型可以更好地帮助投诉管理部门参考改良相关流程、政策等；

• 后续分析中两个维度可以视需求进行交叉分析，发现每一投诉类型下各个业务内容的分布情况及每一个业务中各个投诉类型的分布情况。

（2）正式研究

正式研究的主要工作就是数据导出、建立码表、数据编码、形成报告等。

第一步，数据导出。

第二步，建立码表。

尼尔森采用改良后的编码维度，建立初步码表。具体做法：

• 基于初步码表，与该行编码小组进行细化；

• 码表尽可能覆盖该行产品与服务；

- 码表归类方式尽可能符合该行内部使用习惯。

第三步,数据编码。

尼尔森培训并带领该行人员进行编码,输出可供尼尔森后期分析的数据形式。

第四步,数据分析。

尼尔森对编码后的数据进行多维度分析,最后提交详细的数据分析结果(数据表)及初步报告。

第五步,解读数据。

与该行总行办公室及各主要条线详细解读数据,分析结果。

第六步,专题分析。

针对发现的主要问题与相关部门进行探讨,制定解决方案与时间表。

第七步,编码培训。

尼尔森将对该行远程银行中心进行系统的编码培训;帮助该行将投诉数据分析工作常态化,初步建成体系,指导未来的投诉数据收集与分析。

3. 研究经验与启发

经过本次研究,该银行机构与尼尔森都认可了研究的结果和价值。尼尔森认为,银行一方面有必要改变对投诉信息的态度,从消极的回避和在表面上降低,到积极的分析、处理和实质上降低;另一方面,应改变或强化对日常客户投诉信息的认知和数据利用能力,真正把客户投诉当做重要的 VOC 渠道加以倾听和利用。

曾有研究表明,在不满意的顾客当中,仅有 4% 会向商家投诉或反馈。顾客不投诉的主要原因是:

- 认为不值得花费时间和精力;
- 担心没有人会关心他们的问题或有兴趣采取行动;

- 不知道到哪里去投诉及怎样投诉；
- 投诉了也解决不了。

即使只有少数会投诉，他们的投诉渠道也越来越多：除了银行热线电话和网点外，论坛、微博、微信等也都成为他们抱怨的渠道。因此最后能被企业听到的投诉信息，无疑代表着更大客户群体中存在的问题，具有不可忽视的价值：

- 发现潜在客户需求；
- 吸引更多的潜在顾客；
- 获取免费的市场信息；
- 预警危机；
- 阻止顾客流失；
- 减少负面影响。

此外，成功的投诉管理同时也将成为向顾客传递企业责任感形象和口碑的机会，并实现顾客满意度提升。

第五节　尼尔森的客户体验管理体系

通过对银行客户体验的持续跟踪监测，可以动态揭示客户体验的发展变化情况水平，评估客户体验改善措施的效果，并制定快速有效的行动策略。

所以，把客户体验纳入银行业务考核体系，能促使银行把更多的资源配置到以满足客户需求与提升客户服务质量为目的的工作上，让改善客户体验得到落实。

而开展客户体验分析的前提是找到真正影响客户体验的主要驱动因素，确定当前客户体验中存在的主要问题。只有这样才能科学确定下一阶段需要改进的工作，更好地平衡客户体验与企业的资源投入。

尼尔森的客户体验管理体系包括"客户关系指数研究""接触点

体验研究"、行动计划工作坊等不同模块。本节重点介绍尼尔森客户体验管理体系当中的两个模块："客户关系指数研究"和"接触点体验研究"。

一、客户关系指数研究：三个维度六个问题

所谓客户关系指数研究，主要是指评估客户与银行之间的关系状况，宏观把握影响客户关系的短板，优化银行资源配置。那么，究竟是哪些因素在决定着客户对银行的选择和使用呢？

尼尔森 2014 年调查发现，银行网点、银行服务和电子银行是驱动顾客选择银行的三个最重要的因素（如图 2-3 所示），而且随着客户资产量的变化，资产量越高对银行服务的重视程度就越高，对银行网点的重视则越低，对于资产量超过 100 万元的银行客户而言，银行服务已经成为他们选择银行的最重要因素。

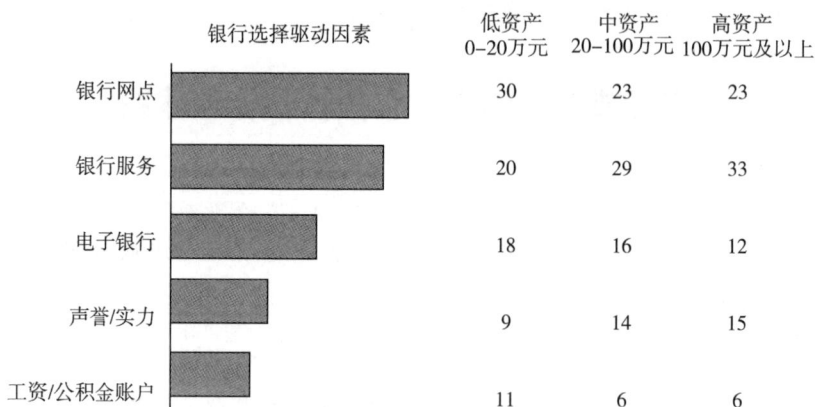

银行选择驱动因素	低资产 0~20万元	中资产 20~100万元	高资产 100万元及以上
银行网点	30	23	23
银行服务	20	29	33
电子银行	18	16	12
声誉/实力	9	14	15
工资/公积金账户	11	6	6

图 2-3　消费者选择银行的重要因素

与此同时，尼尔森针对国内银行业的研究也发现，几乎所有银行客户都同时拥有多家银行的户头，这使得他们非常容易在各家银行间进行比较。客户关系管理由此所面临的挑战，也可想而知。

众所周知，拥有更好客户关系的银行，其客户会对银行更加忠诚。他们会：持续使用特定银行，使用该银行更多的产品，更容易尝试新业务，推荐其他用户。尼尔森的 2014 年全球银行业研究报告显示，关系强度指数为前 10% 的客户，他们继续使用、推荐他人、不更换品牌的意愿，比关系强度指数为后 10% 的客户至少高 3 倍。

那么，什么代表了企业与客户的关系呢? 尼尔森通过多个国家和品类的研究发现，有 6 个问题可以较为稳定地解释消费者现在、过去的行为以及未来的意愿，即客户关系通常由三个维度六个关键问题组成。

一是价值：(1) 客户是否对产品及服务满意；(2) 产品及服务是否物有所值；(3) 产品及服务与竞争对手相比如何；

二是反馈：(4) 企业是否能对客户的需求/需要及时反馈，即企业与客户之间的互动是否良性；

三是黏性：(5) 如果竞争对手提供更优惠的产品或服务，客户是否会有转换的意愿；(6) 相比于其他竞争对手，客户是否更加信任这个品牌。

以服务业为例。如图 2-4 显示，企业的市场实际产出——可持续的客户关系、更高的稳定性、收入增加、较低的服务成本、口碑的建立、较低的沟通成本——受各种驱动因素影响，包括商品体验、服务体验、价格、品牌和企业声誉等。

这些驱动因素，又可以进一步分解。比如，商品体验可细化为产品特点、产品表现、可靠性、耐用性、美观度等；服务体验又包括服务中心地点、时机、基础设施、工作质量、服务人员、成本估算、时间估算等。

通过研究客户关系指数，以及分析相关驱动因素对指数的影响和推动，可以帮助我们对战略资源配置提出建议：(1) 哪些关键因素更能影响客户关系，从而进一步影响了客户的情感忠诚和行为忠诚? (2) 整体而言，哪些因素应该增加投入，哪些因素应该减少投入? (3) 结

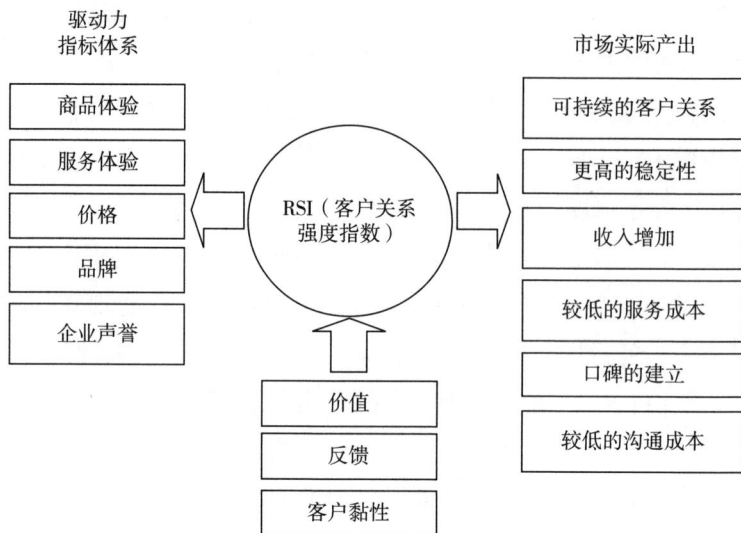

图 2 - 4 体验驱动因素示意图

合竞争对手表现，我们应该在哪些因素中加强创新，寻找差异化机会，又在哪些因素上尽快缩短与竞争对手的差距？

总体而言，客户关系研究具有如下特点：（1）客户关系研究反映的是企业与客户之间的关系强度；（2）覆盖问题的广度，而非深度，为企业的资源优化提供支持；（3）基于市场层面的抽样，要求自身及对手客户都有足够样本；（4）每年/半年一次，在条件允许的状况下，要求不透露调研委托方名称，避免数据偏差；（5）由于客户关系指数与业绩表现联系紧密，通常被作为业务管理者的 KPI。

二、客户体验研究的特点和流程：以接触点体验研究为例

接触点体验研究是为了更好地管理接触点体验，有针对性地解决问题。所谓接触点体验研究，通常简称为触点体验研究，主要是指针对某类接触点进行专题研究，比如"电话银行体验研究"等。

触点体验研究具有如下特点：（1）触点体验研究反映的是客户对

某一项具体服务接触点的评价；（2）触点体验研究挖掘的是问题的深度而非广度；（3）反映最近的交易体验，因此需要高频率，及时性，技术支持是关键；（4）数据库驱动，受访者明确知道调研委托方名称，难以与竞争对手比较；（5）需要与企业内部的服务流程和指标相结合。

银行与客户之间存在着非常多的交互触点。要取得客户体验和资源优化的平衡，并不是所有的触点都需要进行触点体验研究。尼尔森建议，判断一个触点是否需要开展触点体验研究，可遵循以下判断标准：（1）用户接触量大的触点；（2）对客户影响力强的触点；（3）具备战略重要性的触点；（4）客户关系研究中定义为优先改进的触点。

就银行机构而言，营业网点是银行业务最基础的交易平台，承载着众多银行业务，服务着大多数客户，是客户关系的重要驱动因素之一。因此很多银行都会通过实施营业网点客户体验调查，寻找营业网点渠道存在的问题，并形成针对性的改进建议，以促进全行采取有效措施加以改进，提升营业网点客户体验。

1. 确定营业网点客户体验研究重点

就营业网点客户体验调查而言，重点关注以下几方面：

（1）还原客户网点内行走路线，梳理关键节点核心需求，构建体验指标体系；

（2）测量网点客户的体验感受，筛选出关键感知提升点。筛选的标准主要包括两个维度：一个是该节点的"重要程度"，衡量对于客户在网点内体验感受的贡献；另一个是"表现"，考虑的是该节点表现对客户需求的满足程度。

（3）锁定关键感知提升点，结合客户需求，提出改进建议。

2. 营业网点客户体验驱动因素指标体系构建

以国内某银行为例。针对营业网点的客户体验，结合客户网点内行走路线，梳理出关键节点核心需求。下面是尼尔森针对该行营业网点客户体验所构建的指标体系。以普通客户为例，该指标体系由三个层级构成（如表2-3所示）。

表 2-3　　　　普通客户营业网点体验驱动因素指标体系

	一级指标	二级指标	三级指标
进入网点	A. 环境及秩序	A.1　网点位置方便性 A.2　大堂环境整洁舒适 ……	
网点分流	B. 大堂经理	B.1　服务态度 B.2　服务专业性 ……	B01　主动迎接询问客户需求 B02　主动进行引导和分流 ……
自助服务	C. 自助设备	C.1　自动设备运转速度 C.2　自动设备稳定性 ……	
排队等候	D. 排队等候	D.1　排队等候的时间 D.2　排队等候时的服务 ……	
高柜业务	E. 高柜柜员	E.1　服务态度 E.2　服务专业性 ……	E01　业务熟练，办理速度快 E02　业务办理准确 ……
理财业务	F. 理财经理	F.1　服务态度 F.2　服务专业性 ……	F01　根据客户需求推荐产品 F02　丰富的理财知识，了解市场走势 ……
离开网点	G. 大堂经理	G.1　提示您拿好所携带物品 G.2　交通工具和伞具保留完好	

在指标体系构建阶段，为了全面挖掘可能影响营业网点客户体验的因素，通常会通过定性研究、互联网口碑分析等途径，还原客户对网点服务体验过程和关键需求。

3. 营业网点客户体验测量

在量化评估阶段，尼尔森将针对最近在网点办理过业务的客户进行量化调查，追溯他们最近一次的网点服务体验过程，并获取他们对网点体验各项指标的评价。通过统计方法，确定各指标的"重要程度"，即它们对于客户网点内体验感受的贡献，另一个是网点在各指标上的"表现"，即在该指标对客户需求的满足程度。这两个维度可以帮助网点筛选出关键指标提升点。

在指标体系测量阶段，为了能及时获取客户对网点体验的评价，通常会使用网点外拦截访问或电话访问、手机 APP 访问等定量研究方法，确保获取数据的及时性。

4. 锁定关键感知提升点，结合客户需求，提出改进建议

通过量化测量，锁定了关键感知提升点以后，就进入了改进建议阶段。

比如在该次调研中营业网点存在的主要问题集中在客户等待时间偏长、网点人员和驻点营销人员不易区分、为客户提供的人性化服务不够、大堂服务专业性有待提升等方面。针对这些主要问题，相应的解决方案建议包括通过前台客户服务端和后台流程端两个层面进行评估并进行有针对性的优化、在服装和工牌等方面明确区分网点人员与营销人员、部分客流量大的网点增加等待坐席、强化大堂经理分流职能，在需要的网点设置大堂副理支持大堂经理工作等。

客户的体验由员工来传递及达成，因此提升客户体验需要由下至

上的驱动。客户体验得分会被分拆到最小单元，以便采取行动。以下
是一张典型的网点体验得分表（见表2－4）。通过这张网点体验得分
表，既能看出网点自身与全国平均水平、全国最佳水平的差距，又能
反映出该网点在不同触点上的相对表现。

表2－4　　　　　　　　　典型网点体验得分表

	本网点得分			全国均值			分行最佳网点得分		
	基数	得分	均值	基数	首两项	均值	基数	首两项	均值
整体体验									
环境与秩序									
大堂经理									
排队等候									
高柜柜员									
理财经理									
ATM									

　　每个银行都有自己的明星网点。结合网点的多维度指标（见表2－
5），可以帮助企业找到自己的明星网点，并在全行范围内进行明星网
点经验推广。

表2－5　　　　　　　　　网点的多维度指标

可采取的网点策略	商业指标	员工满意度	客户满意度
最佳网点	高	高	高
着力提升顾客满意度	高	高	低
着力提高员工满意度	高	低	高

续表

可采取的网点策略	商业指标	员工满意度	客户满意度
着力提升业务指标（推广、促销）	低	高	高
首先提升员工满意度及客户满意度的关键点	高	低	低
提升业务指标及客户满意度的关键点	低	高	低
提升员工满意度是否有帮助	低	低	高
最差网点关闭	低	低	低

三、客户体验研究新方法：交易触发式及时调研

全球范围内，越来越多的企业开始更多地关注围绕着客户体验的"真实一刻"（moment of truth）而设计的更为简短而聚焦的客户体验研究——交易触发式及时调研。

交易触发式及时调研开始越来越多地出现在金融业。比如，用户使用银行客户端办理理财产品，成功后客户端弹出问卷，了解用户对客户端理财功能和理财产品的评价，参与反馈的用户奖励信用卡 100 积分。

1. 客户交易触发式及时调研的优势

所谓客户交易触发式及时调研，是指围绕客户体验的"真实一刻"（moment of truth）而实施的更为简短而聚焦的客户体验研究。其特点在于：

（1）客户做完银行业务 24～48 小时内完成调研，有助于提升调研的及时性和针对性。

（2）反映的是客户的真实体验"pure experience"，而不是传统满

意度调研所收集的客户对体验的"印象"。

（3）可缩短问卷长度，提升数据质量。

（4）能够让各渠道触点简单地用同一个指数持续从客户的角度跟踪客户在该触点的体验状况，令触点管理部门更及时有效地管理客户体验。

（5）在测量客户触点体验的同时，建立触点体验与其他关键指标（如客户关系指数、客户行为指数）之间的关联。

而传统定量调研正因为以下五方面的局限而面临日益明显的挑战：

（1）到达性上减弱。社会节奏加快和负面新闻（如电话诈骗、入户抢劫）频发，消费者拒访及高端社区、写字楼无法进入，难以有效到达用户。

（2）场景性上偏弱。移动互联网产品与运营要求灵活的、针对性强的端点调研（如开通调研、未支付调研），传统调研脱离端点场景难以满足。

（3）时效性上偏慢。移动互联网产品迭代周期越来越快，用户变化/转变速度越来越快，调研呈现要求快速完成动态呈现，传统调研手段难以满足。

（4）精准性上偏弱。传统调研的精准性成本高，样本大，周期长，缺乏低成本高效率直达目标用户的精准调研渠道和手段。

（5）可靠性上偏低。传统调研问卷数据的收集高度依赖于非专业访问员，监控难度大，数据质量问题频发。

2. 交易触发式及时调研的特点

（1）可以嵌入业务场景。在用户使用产品或者业务的全生命周期的各个环节，可以触发基于业务场景的问卷进行调研。

（2）可以实现多渠道实时在线与适配扩展。调研问卷可以在用户使用产品或者业务的同时触发调研，达到调研的及时性，准确地把握用户的实时反馈，了解最真实的用户体验。根据不同用户产品或业务载体使用情况及使用习惯的不同，在不同触点上设置实时触发机制（PC端、手机、平板等移动终端及其他终端设备）。

（3）调研发布具有较高的自主性和便利性。通过标准模板可以快速地发布调研，也可以在已有的问卷库中选择问卷进行修改后快速发布，或者全新自主发布调研，拥有极高的自主性和便利性。

（4）可自助（半自动）处理数据。调研数据进行自动化整理、清洗、统计及视觉化呈现，减轻后续数据分析的压力。非专业人士都能进行调研数据报表的输出。

（5）数据可运营。包括题库、问卷库、样本库（用户画像库）数据，通过和社会化媒体平台对接，可不断累积和丰富；反过来，随着各类数据的丰富，可更好地利用数据进行业务的精准营销。

3. 尼尔森业务嵌入式调研平台的特点

客户交易触发式及时调研所依托的平台叫业务嵌入式调研平台。以尼尔森的业务嵌入式调研平台为例，具有如下特点：

（1）Open API接口。第三方APP开放调用、封闭业务平台对接。

（2）业务场景嵌入可配置。切入业务全生命周期流程、业务场景可灵活配置。

（3）发布渠道适配。客户端发布，短信、邮箱、www发布，支持社交账号发布。

（4）实时在线触发。客户端实时弹出，www页面实时弹出，短信5分钟内容到达。

（5）实时把控调研进程。调研进展状态直观显示、调研问卷自动上下线、调研手动控制进程。

（6）海量专业问题/问卷。数百种免费专业问卷模板、各种不同类型的调研题目、覆盖几十个行业数百种场景。

（7）行为与感知数据分析。整合开放接口获取的用户数据，整合开放接口获取的业务数据，整合调研获取的感知数据。

（8）用户画像库。一手的用户信息库沉淀样本库、行为与感知数据关联用户画像、用户画像优化调研与影响。

（9）调研专家增值服务。专业问卷设计、线上线下调研整合服务、专业研究分析与呈现。

4. 尼尔森业务嵌入式调研平台的操作流程

业务嵌入式调研平台的操作流程通常如下：

（1）发布调研。根据不同的场景从问卷库选择相应问卷快速发布调研；向导式发布调研；从上一次发布的调研中编辑发布新的调研。

（2）预览调研。选择完问卷和问题后可以预览调研，检查问卷设置是否合理；选择测试样本进行测试发布，验证问卷发布情况。

（3）调研设置。设定调研结束条件：可根据时间、样本数设定；样本设定：从样本库选择样本，并设定每个样本奖励积分；触发条件：根据 clicked、enter、leave 来设定触发调研，并且三种触发条件均可设置延迟触发时间；配置发布通道：E – mail、短信、APP、www（可根据客户及业务情况扩展）。

（4）成功发布。JS API 生成：自动生成 JS API 以供 www 和客户端调用；实时查看调研结果；实时暂停、继续、停止已经发布的调研。

（5）数据分析。根据客户需要，基于样本的不同属性维度可设置筛选条件，按不同维度呈现调研结果数据；调研结果以图形化展示，可下载作为历史分析；选择在线专家进行数据分析，给出专业分析报告。

以上操作过程是一个闭环，主要包含了"客户回访"和"报告与提升"两大板块（见图 2 – 5），通过可视化的数据呈现，随时监控触点的客户满意度变化情况，并对问题触点/问题区域发出警报，其最终目的就是为了达成三个"及时"：及时收集数据、及时学习、及时发出警报。

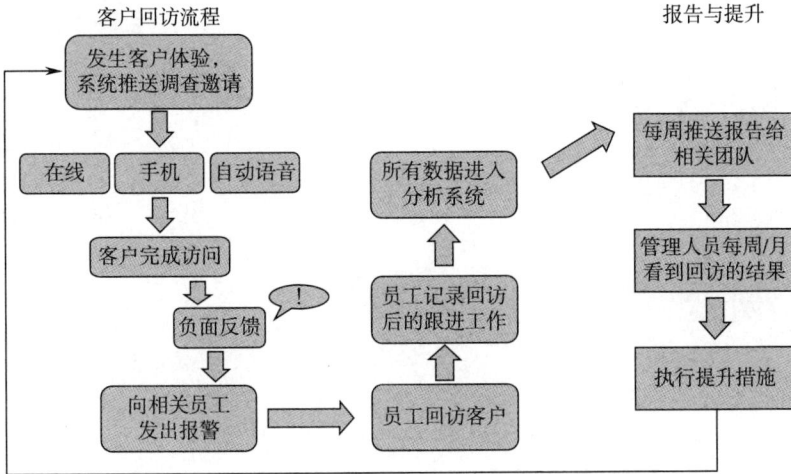

客户回访流程　　　　　　　　　　　　　　　　　　报告与提升

发生客户体验，系统推送调查邀请

在线　手机　自动语音

客户完成访问

负面反馈　！

向相关员工发出报警

所有数据进入分析系统

员工记录回访后的跟进工作

员工回访客户

每周推送报告给相关团队

管理人员每周/月看到回访的结果

执行提升措施

图 2－5　业务嵌入式调研平台操作流程

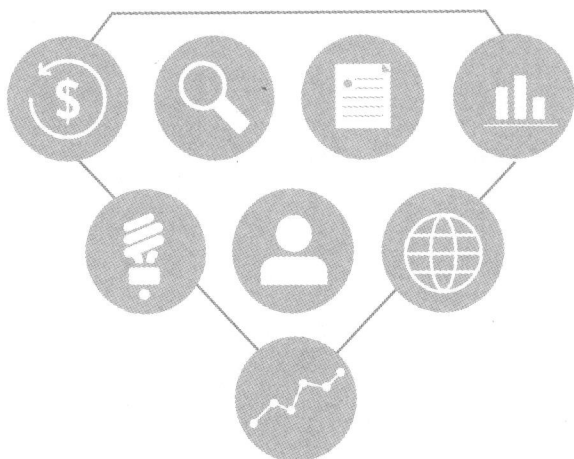

第三章

银行精益服务与产品创新

善弈者谋势，不善弈者谋子。在当前我国经济调整的特殊时期，转变银行发展方式就好比在斜坡上推球，银行在市场中的位置如同斜坡上的小球，要使小球不下滑就须对小球有个制动力，没有制动力肯定下滑，这个制动力就是基础管理。仅有制动力，也不一定发展，发展还需要上升力，这个上升力则来自产品和服务创新。

随着经济全球化的加速发展和中国金融改革的深化，产品和服务创新能力成为商业银行转变竞争发展方式以及持续提高综合金融服务能力的重要内容，同时是获取竞争优势不可或缺的因素。

创新永远是银行业发展的不竭动力与源泉。一些国际领先银行的金融创新实践已经证明，建立金融创新的市场驱动力，提供贴近客户和市场的金融创新服务是其成功的秘诀。我国商业银行亟待在把握未来发展趋势的基础上未雨绸缪，做好银行产品服务创新的统筹规划，通过突破性创新来创造新的客户市场，带动业务可持续增长。

但我国商业银行的产品创新工作还存在诸多问题：产品创新责任体系不清晰，内部协同力不足；产品创新核算体系和考核激励机制不健全，绩效驱动力不足；产品经理数量和素质不适应市场变化，专业能力不足；信息技术和业务融合不深入，科技支撑力不足；没有将职责、技能和机制等有效嵌于创新流程之中，产品创新中存在风险回报失衡等问题。

我国商业银行要想克服上述问题，就必须进一步强化客户需求对产品服务创新的驱动，加强对市场趋势前瞻性预研和产品生命周期评价预判，做好调整产品结构预案和新产品原型战略储备，掌握市场竞争主导权，在研发过程中处理好新产品及其组合的风险回报平衡，不断改善客户体验。

第一节　银行产品创新基础

不断提高的客户期望和体验需求以及不断变化的市场环境，决定了银行服务将是一个不断优化和升级的动态过程。具体到银行产品创新上，主要表现为：

一是人口结构变化和消费者自主性的提高，促使银行着力发展在客户细分基础上、具有良好客户体验的创新产品；

二是科技进步的拉动，促使银行加强业务条线之间及其与 IT 部门的融合，提高客户选择和切换各种传统与新型服务渠道的便利性；

三是经济金融危机的教训，促使银行立足于服务实体经济，向专业专注基础上的协同整合创新方式转型，使产品风格向透明、可信、简明的风格转变。

这些新情况意味着，要做好银行产品创新，银行机构有必要从战略高度持续关注客户需求变化，做好基础工作，不断通过专项研究，挖掘客户需求走势及其背后的深层驱动因素。唯有如此，精益化银行服务战略才能得到有效实施。

一、用"客户需求"指导银行产品创新

很长一段时间里，国内银行做产品创新时，很少会涉及量化的客户需求分析。中国银监会业务创新监管协作部原主任李伏安曾强调过："盲目推理财产品将为市场埋下危机""要做金融产品创新，各机构需做好调研"。

李伏安认为，在不知道潜在的客户是谁、不知道盈利的技术、平衡点在哪儿的情况下，就将产品推向市场，这样的产品创新只会在未来给市场带来新的不规范和危机。

所以，不管是产品创新也好，还是财富管理也好，在推出一系列

金融服务产品之前，各银行机构有必要进行扎实的市场调查。

其中以市场调查为基础的量化客户需求分析，既是产品创新的基础，也是银行金融产品创新的源泉和动力。分析不同客户的需求以及各个需求之间的关系，根据分析结果为客户量身设计产品，才能更好地满足客户需求并给客户带来良好的产品体验。

下面以个人住房贷款为例来建立一个银行产品创新的客户需求指标体系，在建立指标体系的过程中使用社会网络分析法（Social Network Analysis，SNA），以此探寻个人住房贷款这一产品的改进点。

客户需求千差万别，但在统计规律上存在着最重要的一个核心需求，围绕这个核心需求将存在着为数不多的几个关键需求。

通过专家与客户访谈及理性分析，最终可以从房贷客户需求中筛选出主要需求；而后通过社会网络分析方法，在客户的主要需求中确定最重要的一个核心需求以及与核心需求有直接关系的关键需求。

为了规范本文不同需求重要程度的不同描述，做如下定义：

主要需求（主要因素、指标）：根据客户访谈得到 17 个主要需求（如表 3-1 所示）。

表 3-1 个人住房贷款客户的主要需求

序号	指标（需求）
1	X_1 还款时关联其他银行的银行卡
2	X_2 同时关联多个账户
3	X_3 扣款日后有多少许免息期
4	X_4 到期还款短信通知
5	X_5 还款成功通知
6	X_6 有专门的客户经理服务
7	X_7 设定最低还款额
8	X_8 申请一段时间暂停还款
9	X_9 交房一年后开始还款
10	X_{10} 提供信用卡装修贷款分期还款

续表

序号	指标（需求）
11	X_{11}当账户金额大于某个协议金额时，视为提前还款
12	X_{12}当账户金额超出还款金额时，视为自动提前还款
13	X_{13}前后期还款不同
14	X_{14}房贷中包含保险
15	X_{15}网上银行查询房贷账务信息
16	X_{16}资产抵押，循环贷款
17	X_{17}多种服务利率按照房贷利率计算

核心需求（核心因素、指标）：唯一的最重要的需求。如表 3 - 2 所示，根据点度最大原则得到的核心需求是"X_6有专门的客户经理服务"。

表 3 - 2　　　　个人住房贷款客户核心需求分析

（1）序号	（2）指标	（3）点度	（4）向外中心度	（5）向内中心度
1	X_6 有专门的客户经理服务			
2	X_5 发送还款成功通知			
3	X_{16} 部分还款情况下，可再循环贷款			
4	X_8 在一段时间内可以暂停还款			
5	X_3 扣款日后有几天免息期			
6	X_{11} 当账户金额大于某个协议金额时，多出的金额为提前还款			
7	X_9 交房一年后才开始还款，避免装修压力			
8	X_7 设定一个最低还款额，其余的可自由调整			
9	X_4 提供到期前短信提醒服务			
10	X_{15} 通过网上银行查询住房贷款账务信息			
11	X_{12} 当账户金额超出还款金额时，视为自动提前还款			
12	X_{14} 房贷中包含保险，以避免风险			

续表

（1）序号	（2）指标	（3）点度	（4）向外中心度	（5）向内中心度
13	X_{10}提供信用卡装修贷款分期还款			
14	X_1还款关联到其他银行的账户			
15	X_{17}如使用银行多种服务，信用卡、理财卡等，透支时利率按房贷利率计算			
16	X_2可以同时关联几个账户			
17	X_{13}前期还款少，后期逐渐增加			

关键需求（关键因素、指标）：跟核心需求有关系的重要指标，其个数少于主要需求。与核心需求 X_6 有关系的是 X_3、X_4、X_5、X_7、X_8、X_9、X_{11} 和 X_{16} 等 8 个需求。

根据定义可以知道，以上三种需求的重要性从大到小依次是核心需求、关键需求和主要需求。

通过社会网络分析方法，找出了影响个人住房贷款需求最重要的一个核心因素及其与关键因素之间的关系。根据核心因素和关键因素设计房贷产品，可以有效改变金融产品缺乏针对性、大而全的同质化现象。

下面简单梳理一下基于社会网络分析的房贷客户需求关系模型的创建过程。

1. 构建个人住房贷款客户需求指标体系

首先是明确评价指标体系的构建思路。主要包括：

（1）采用定性访谈的方式收集客户需求。访谈从客户接触房贷的各个流程来讨论，包括首付、利率、还款期限、贷款额度、贷后还款、贷款融资等，从各要素方面挖掘用户的需求。

（2）根据指标数据的可获取性原则，对定性深度访谈中挖掘到的原始资料信息，总结、归纳成为不同的产品需求描述（参考了现有主流房贷产品的设计条款），并设计定量测试问卷。

（3）建立个人住房贷款客户需求指标体系。根据前面的指标体系构建思路，在数据的可获取性的基础上，建立一套包含 17 个指标的银行个人住房贷款需求的指标体系库，以综合考察客户对银行住房贷款产品创新的需求。

2. 研究设计和数据预处理

首先，通过调查问卷收集客户需求信息。根据表 3 - 1 中的 17 个主要需求设计调查问卷。问卷调查采用随机抽样的方法，保证了数据的随机性和准确性。

其次，需求关系矩阵的计算。主要进行单个受访者的关系矩阵计算和总需求关系矩阵的计算。

3. 分析基于社会网络分析的客户需求关系模型

一是做客户需求关系模型的中心性分析，二是确定房贷客户需求关系，三是进行核心需求组合分析。

4. 得出结论

在针对本次个人住房贷款的服务需求研究中，发现：

（1）房贷客户需求的核心指标是"X_6 有专门的客户经理服务"；

（2）与房贷核心需求"X_6 有专门的客户经理服务"有关系的关键需求一共有 8 个，分别是：

- X_3 扣款日后有少许免息期；
- X_4 到期还款短信通知；
- X_5 还款成功通知；
- X_7 设定最低还款额；

- X_8申请一段时间暂停还款；
- X_9交房一年后开始还款；
- X_{11}当账户金额大于某个协议金额时，视为提前还款；
- X_{16}资产抵押，循环贷款。

（3）8个关键需求可以分为三类

根据指标的相近性可以把8个关键指标分为三大类。

一是日常还款服务类指标，包括："X_3扣款日后有几天免息期""X_4提供到期前短信提醒服务""X_5发送还款成功通知"三个指标。

二是还款方式类指标，包括："X_7设定一个最低还款额，其余的可自由调整""X_9交房一年后才开始还款，避免装修压力"和"X_{11}当账户金额超出还款金额时，视为自动提前还款"三个指标。

三是资金筹措类指标，包括："X_8在一段时间内可以暂停还款"和"X_{16}部分还款情况下，可以再进行循环贷款"两个指标。

可见，通过社会网络分析法，可以找出影响个人住房贷款需求最重要的一个核心因素及其与关键因素之间的关系。从研究发现来看，房贷产品凸显了客户服务这一软性产品要素的价值和重要性，这为根据核心因素和关键因素设计房贷产品、最大限度地满足客户需求创造了条件。

二、让"客户体验管理"为产品创新导航

客户体验管理已成为当前银行业差异化竞争的重要手段。基于客户体验的产品创新有着显著优势：一是客户体验管理有助于挖掘客户对银行产品的新需求，推动产品创新；二是有助于节约产品开发成本、缩短开发周期，提高工作效率；三是通过客户体验实施体验式营销，能有效推动产品的市场拓展；四是有助于展示创新型银行和以客户为中心的企业形象。

现在，我们的顾客已不再满足于单纯的商品功能，开始追求购买

或消费背后的身心愉悦、社会认同及自我实现等更高层次的价值。对各银行来说，如何有效利用客户体验为产品研发提供指引，避开创新同质化陷阱，使企业具有持久的竞争优势，是金融产品创新所面临的挑战。

所以自 21 世纪以来，越来越多的国内外企业积极投身于客户体验实践。客户体验的理念也逐渐深入到诸多金融产品和服务创造的过程中。20 世纪 90 年代初，国外大型商业银行如花旗银行、美国银行等就开始了客户体验管理，比如通过客户群细分，客户接触点整合和个性化产品定制，努力实现效率和收入的提高。

此外，国内多家银行正在积极地将客户体验管理引入产品创新中。比如国内某商业银行，建立了客户之声、客户体验中心、客户分析中心等客户体验管理体系，也有银行建立了产品创新实验室。

某银行早在 1997 年推出"一网通"时就实施了客户体验管理的部分环节。随着对网上银行、手机银行和信用卡等业务领域体验管理的重视，还建立了国内银行业第一个大集中呼叫中心，以保障网上银行客户的咨询和反馈服务。

将客户体验管理引入产品创新，这在电子银行建设中表现得尤其明显。以国内某股份制银行为例。围绕客户体验，该行成立了电子银行客户体验团队、客户体验及服务品质提升工作小组，建立客户体验专题研讨会制度，针对收集到的意见及时研讨，通过滚动开发尽可能迅速改进。

可用性测试更能体现产品创新中引入客户体验管理的优越性。由于产品设计人员具有相关专业背景和知识，因此他们设计的交互方式和文字用语常常带有专业色彩，结果是设计者能轻松理解而客户却感觉困难复杂，因此内部人员测试就有很大局限性。

可用性测试则模拟真实使用场景，邀请外部客户独立完成一个个操作任务，在完成任务的过程中，客户的操作轨迹甚至注意力移动轨迹都会被跟踪仪器记录下来。客户在哪里出错，在哪里困惑，都能客观展示出客户期望与设计者期望之间的差距，从而能够更好地帮助设计人员理解客户的行为习惯，并以此为参考改进后期的设计方案。

下面以手机银行为例，谈谈客户体验管理在金融产品创新中的指导作用。

为持续了解手机银行客户满意度，提升客户体验，了解客户需求，提升手机银行竞争力，所以针对手机银行的客户体验管理将是一项长期而持续的行为。在这方面，尼尔森通常会结合已经构建起来的手机银行满意度指标体系，客户对手机银行满意度分别从一级驱动因素（9大一级驱动因素分别是：开通及运行、登录、页面及导航设计、转账汇款、投资理财、账户查询、缴费支付、信用卡、优惠活动）和二级驱动因素进行分析，通过深入研究，明确保持优势因素、稳定保持因素和优先改进因素。

比如在尼尔森为某银行的手机银行满意度研究中，就综合考虑满意度的驱动力及愉悦度表现发现："开通及运行""登录""页面及导航设计"（这三项也是驱动力最强的因素）和"转账汇款"是保持优势的因素，而"投资理财"是第一优先改进因素，"优惠活动"是第二优先改进因素。

同样在该项目研究中，针对需要改进的一级因素而言，"投资理财"和"优惠活动"这两大因素还存在着诸多改进优先级不同的二级因素。比如，"投资理财"，其中"投资理财安全性"和"购买/赎回步骤少"属于优先改进因素，而"产品关键信息醒目突出""产品信息更新及时""手续费说明清楚"这三项则属于选择性改进项目。而在"优惠活动"中，其中"优惠活动规则简单易懂""优惠活动易于参与"属于优先改进因素。

正是通过以上针对手机银行客户满意度的持续关注和深入研究，作为银行经营者，就可以清楚了解自己的产品在市场竞争中处于什么地位，在消费者的使用体验中拥有着怎样的使用印象和满意度，从而就可以高效高质地协调有限资源，精准满足客户需求，最终提升客户体验。

由此可见，成功的客户体验管理是一种注重客户参与、动态的、系统性的客户关系管理模式。银行业应该将客户体验管理提升到精益服务战略高度加以对待，进一步完善客户体验管理在产品创新和研发中的应用机制。

一是树立客户体验管理理念，比如树立客户体验管理的创新理念、效益理念、品牌理念和长效机制理念等。

二是完善客户体验环境、扩大产品体验范围，比如根据实际需要建立辖内客户体验室，借助总行门户网站和"客户体验之声"等渠道建立对外平台，运用客户体验方法实现创新各环节的全程有序管理，组织搭建全行共享的客户体验管理资源平台等。

三是优化产品创新中的客户体验管理的方法，比如优化调查手段，注重客户体验数据的收集；加强数据分析，有针对性地开展产品创新。

四是构建产品创新的客户体验管理体系，比如完善体验信息内部处理机制，完善客户体验反馈机制，构建基于客户体验管理的产品创新工作体系等。

第二节　未来产品创新的制胜关键

持续深入了解客户需求及其变化趋势，充分重视客户体验在产品创新中的重要作用，是银行产品创新精益化的前提。而在开展精益化产品创新的过程中，有必要重视并处理好几对核心关系，也即关键点。这几对关系集中体现了未来银行产品创新的制胜关键和发展方向。

一、内核设计专业化与外在体验简易化

有利于将风险有效配置给合适的风险承担者的产品创新才是好的创新。而将风险错配，或者由于过度创新而导致风险过度积累的产品创新，就是坏的创新。

2008 年国际金融危机的重要诱因就是过度复杂、华而不实的金融工具被滥用。其教训就在于，未能坚持金融创新"透明、简易、可信"的原则。

在危机前夜，一些复杂的衍生工具已经发展到了登峰造极的程度，蜕变成"无基础资产""无风险定价""无信息披露"的"三无"产品，出售者、投资者、评估者和监管者都不知晓这些产品的内在本质，任其形成了"无枝可依"的虚拟市场、虚拟交易和虚拟价格。

一些金融机构在对赌机制下，将原有与客户的受托理财关系异化为了交易对手关系，交易动机也就从为客户增值，转变为从客户身上不当攫利，导致了交易关系严重扭曲和信任危机，偏离了长久以来银行"以客户为中心，为客户资产安危承担责任"的传统。

2008 年国际金融危机提醒我们，要想正确处理金融创新与金融产品复杂性之间的关系，就必须做到金融产品与服务的适度简明化。金融产品过于复杂可能使其难以被消费者认知和接受，当复杂性发展到影响透明度时，会掩盖不公正和欺诈行为，导致消费者作出错误选择。所以，针对信用卡还款条款过于复杂的问题，美联储已修改规则，限制债权人随意确定消费者最低还款额之上的每次还款金额，并禁止所谓的"双月账单"，因为测试发现，这一复杂的结算方式只会降低透明度而不会带来任何利益。

此外，要想正确处理金融创新与金融产品复杂性间的关系，还要全面提高信息披露有效性，保护消费者知情权。2008 年国际金融危机恰恰说明高质量的信息披露是维护市场信心的关键要素。欧洲银行监

管委员会（CEBS）指出，信息披露不仅要真实反映基础交易和基础事件，还应对不确定领域和压力情境提供信息；鼓励银行列举不同情景假设和发生概率，以便公众对预期变化形成自主判断；通过对危机中重点承压领域及活动的观察分析，引导银行机构加强对关键业务的信息披露。英国金融服务局（FSA）提出，加强信息披露的两大关键是提高可比性和降低复杂性，并要求采用标准格式法和准则法提高信息披露质量。

新加坡金融管理局针对理财产品说明书语言晦涩且篇幅过长的问题，要求在说明书中增加产品要点表，规定此表篇幅不得超过 4 页，文字不得小于 10 号；产品要点表由金管局负责审核，发行人及投资咨询顾问对该表的合法合规性负主要责任。为保证消费者能及时获取信息，新加坡金融管理局要求对非上市交易理财产品实施持续披露：一是提供半年度和年度报告，披露产品实际收益及其相对预期回报的偏离；二是向投资者披露可能影响产品风险和收益的重大变化。

可见，通过"简便其表、专业其中"，达到"外在体验简易化"和"内核设计专业化"，不仅仅适用于"一账通①"这样的产品服务创新，在内部管控流程上的"加减乘除幂②"也同样大有用武之地。

二、产品服务化与服务链条化

在银行业，服务与产品密不可分，产品服务化和服务产品化必然

①　只需要一个账户、一套密码、一次登录，就可管理众多账户，轻松实现保险、银行、投资等多种理财需求。

②　加法，如将专业的信息服务技能嵌合进各业务条线、业务部门和具体业务用户的工作流程之中；减法，如梳理贷款流程中的职能重复和传递环节，促进信贷流程的弹性边界、无缝链接；乘法，如加强分行产品创新的移植推广，提高新产品投入产出效率；除法，通过健全全行数据挖掘共享和非结构化信息检索功能，推进破除信息壁垒的知识型管理；幂，应用商务智能（BI）来提升服务管理水平，通过数据挖掘和多维分析去发现数据背后隐藏的线索和规律，逐步摆脱对报表的依赖，进行趋势分析和预测跟踪。

会在坚持以客户为中心理念的银行中大放异彩。正如彼得·杜拉克所言，"新经济"就是服务经济。服务经济所衍生的产品服务化和价值链条化趋势诞生了一个叫 provices 的新词，是由 product 和 services 两个词合成而来。

产品服务化的创新高手善于进行产品横向功能定位细分和纵向升级延展，围绕公司机构客户和个人客户的金融服务生命周期，"产品横向功能定位细分"的潜力仍然很大。

以国内某商业银行为例。该行通过设立物流金融产品创新实验室，充分发挥总分行联动的优势，从创新物流金融产品体系的角度，针对综合型物流、中介型物流、生产型物流、贸易型物流企业的特定需求，建立基于横向功能定位细分的产品创新。

该行还通过开发固定资产支持融资业务这一新产品，进行固定资产贷款产品的纵向升级延展，以银团贷款方式满足借款人在资产经营中的融资需求，有助于客户通过资产整合促进整体上市。

如何获取产品服务化的同业竞争优势呢？未来之路在于通过全流程优化与全价值链协同，形成整个服务价值链的同业比较竞争优势，即包含服务价值链重组与利润价值链聚合的服务链条化。

比如，为适应服务需求变化，美国银行曾实施了网上信用卡申请流程创新。一方面，通过整合集成银行内部数据和业务功能，减少银行现有客户申请信用卡的信息填写负担，同时运用通过将多种银行服务集成到网银界面，方便了客户选择银行各项附加服务；另一方面，美国银行运用统一数据接口标准和模型驱动开发技术整合了快递供应商的服务功能，客户可以在网银上查询信用卡卡片申领进展和寄送过程信息。

三、产品要素参数化与功能集成化

市场调查发现，超大型、大型、中型、中小型和小型企业在账户管理、支付结算、流动性管理、短期理财、短期融资等"资金结算现金管理"产品需求组合有所差异，但是其所需要的产品要素仍然是一致的。

而跨行现金管理、分行业现金管理解决方案等业务对产品快速组合和服务敏捷陪衬的要求，更需要在统一的产品标准及其对应的数据标准基础上，加强"组合集成化"创新能力。

在综合客户 AUM 规模①、产品需求和风险偏好进行个人客户细分基础上，提供账户、支付、信贷、理财等单个产品服务的要素自选或组合定制服务，同样需要健全信息系统支持下的"组合集成化"能力。实际上，大部分创新是通过各种条件和要素的有机联系与重新组合，来建立能带来特定功能的思维与实践过程。而战略性、突破性创新既需要面向未来的、时间上的纵向突进，也需要空间和逻辑上的广泛突进。

从最近50年银行产品创新发展史来看，产品要素参数化法和功能整合集成法逐渐成为产品创新的两个新兴模式。

产品要素参数化法（类似于星巴克的自选咖啡参数表）对标准化产品的各个属性赋值，例如功能特性、利润和价格；可以很容易地改变某项属性，从而创造出不同类型的新产品。这一能力对于支持细分市场战略的产品研发非常重要，利用参数化产品，客户可以在满足银行设定的利润和风险参数的前提下，选择最符合其具体需求的产品特性（参数）从而创造出最符合其关切的产品，例如欧洲个性化抵押贷款。

产品功能整合集成法（就如同西餐里的套餐）是将两个或者多个产品组合成一个产品提供给客户。组合中的各个产品可能是简单的单

---

① 即资产管理规模（Asset Under Management）是衡量金融机构资产管理业务规模的指标，是该机构当前管理客户资产的总市值。该指标主要适用于衡量基金管理公司以及投资银行、商业银行或金融控股公司的资产管理业务的规模。

一功能产品或者高度参数化的复杂产品，例如物流融资与大宗商品融资项下套期保值产品组合服务，又如私人借款人只需根据整体信贷和存款额之间的差额支付利息的单一账户服务。利用系统设置的触发机制，方便客户根据其目标统筹管理资产和负债。组合产品通过关系型定价方式确定价格，系统监督其余额和手续费，有利于综合化账户管理、信息服务和差别化定价。

四、研发开放化与体验动态化

乔布斯有一句名言："真正的用户体验高手，一定是心灵猎手，能够潜入客户的大脑，发现真正打动人心的地方。泛泛而谈的产品创意征集，不如一名体验高手对用户需求的深度挖掘"。

研发开放化是体验动态化的前提，有助于深入挖掘用户需求、提高可用性测试质量；体验动态化是研发开放化的效果，有助于校准创新方向、提高研发效率，其导向是强化客户需求驱动产品服务创新。

近年来，与客户协同互动的开放式创新已在国际领先银行广泛实施，国内已有一些银行在与大型公司机构客户、第三方电子支付企业、网络服务公司共创金融服务新模式方面取得了一系列成功，为建立产品创新模式探索了成功经验。

强化客户需求驱动产品服务创新应围绕银行自身的战略导向，针对目标客户需求关切和服务质量问题改进，与产品创新计划和流程优化计划相衔接，与客户服务解决方案营销和新产品推介相结合，做好事前方案策划、事中质量控制和事后成果转化，具体有以下若干方式可结合实际应用：

一是与目标公司、机构客户合作创新。比如围绕对现有重要客户的综合或专项金融服务方案的优化升级，潜在目标客户的综合或专项金融服务方案的创新研究，可甄别具体情况酌情采取"头脑风暴集成创意→尽职调查校准信息→原型设计产品模拟→可用性测试完善升级"

等步骤实施。

二是与金融服务供应商协同创新。应重点加强与上游保险公司、基金公司等金融服务提供商，以及与下游特约商户、第三方支付等应用平台的协同创新，为细分目标客户群体定制综合金融服务解决方案，与其在约定范畴内共享客户需求，各自发挥优势，合作协同创新，实现双方共赢。

三是与网络服务企业合作征集客户创意。与大型企业专属网站，以及各类专业网站、职业网站联合征集客户创意，利用 WEB2.0 的"标签"功能，使领先创意以"超强帖子"形式被"顶帖"；与金融服务导购、记账等网站建立联盟，探索客户相互推介、产品交叉销售、商业资讯共享等业务协作。

四是通过"客户接待日"等窗口了解客户需求和体验。借助每月一次的"客户接待日"，了解各类细分客户群体产品服务特定需求，就拟推出的新产品服务模式征求客户意见。

五是为细分客户群体定制产品服务模式。走进专业市场、核心商厦、高科技园区、业务外包园区、高端客户社区，甄别具体情况采取非现场调查、现场观察、专访、焦点小组座谈、问卷调查等客户之声方式，深入挖掘目标客户特定需求，定制适用产品服务模式。

六是组建产、学、研创新联盟。根据银行自身产品创新战略重点课题，邀请产、学、研专业人士组建特定领域产品创新联盟，共同研究产品创新发展方向和重点产品；召集产品创意主题沙龙，群策群力创新金融服务商业模式。

七是开展新产品原型体验验证。充分运用银行内部设置的产品体验中心和产品创新实验室的优势条件，邀请公司机构客户或招募个人客户，采取"原型设计1→可用性测试1→原型改进2→可用性测试2"的步骤，为重要产品功能改进完善和产品创新投入产出决策提供依据。

五、开发敏捷化与并行协同化

信息技术支持下的开发敏捷化已是全球趋势，其前提是建立产品创新、流程优化与 IT 开发过程融合的并行协同化机制。其要点有六：

一是效率优先。充分利用原有知识积累，利用敏捷开发，快速开发等成熟开发方式，在保证项目质量的基础上，努力压缩开发周期，为产品快速面世提供同业比较竞争优势。

二是并行协同。在产品创意评审阶段，IT 部门就参与 IT 影响评估，并一直在产品创新和技术开发的各阶段审核会上动态对接。

三是正视变化。在信息产品的开发过程中，功能点乃至业务逻辑的变化难以避免，可用原型测试法、项目例会制度消除理解偏差；利用过程迭代、过程覆盖等软件工程方法，减少变化的影响。

四是实用为主。无差别地追求大而全的软件产品对市场竞争不利，应在保证软件质量与产品框架完整的基础上，重视开发时限问题，弄清产品的主要特点与主要卖点，全力保证这些产品特性的高质量实现；对于其他特性，则延后实现或寻找低成本、快速的替补解决方案。

五是有效管理。具体包括项目规模的判定，根据规模分配合理资源，制定项目计划，检查纠偏项目执行。整个项目实施过程，如同导弹从发射到击中目标一样，是个不断修正的过程，修正的依据是管理程序对实际情况的判断。

六是知识积累。建立健全业务创新和 IT 开发知识库与人才库，将创新和开发中积累的新产品标准、新组件、新原型知识充实到共享平台上去，方便重用；建立业务创新和 IT 开发人才专业分类目录，便于组织专业人才参与头脑风暴和过关审核。

六、响应实时化与操作精细化

精益服务的核心理念在银行服务中体现为高效优质、低成本地满足客户需求。也就是说，在提升客户满意度的诸多因素中，客户对服务效率的体验至关重要。

比如，如果说国内银行业信用卡发卡效率的分布区间是 7～60 天是同业竞争水平差异的话，而在大银行内部各一级分行之间仍存在 7～28 天的差距就是明显的流程优化空间了。

为此，国内曾有一家商业银行针对信用卡发卡速度进行试点，并成功实现了规模化的信用卡即时发卡①，效率可稳定到 21 分钟，为争创一流的国内银行树立了新标杆。其中的关键环节是借助流程集约化再造和影像数据传输手段，处理好资料传递、征信审核这两个制约发卡效率的瓶颈环节。

实时是能打动人心的体验，能够引发互动，创造出差异的体验。实时发卡的作用在于：

（1）解决直销渠道发卡量降低的有效方式，同时可以防止申办后信用卡直接进入睡眠状态；对申请人，"即时发卡"与"即时折扣"相结合，没有卡片一样可以消费，大大增强了"冲动消费"的需求；

（2）能给客户以非常好的消费体验，"口口相传"，将为发卡机构带来优于广告的宣传效应；对发卡直销人员，提高了归属感，变为定点销售，不再四处"漂"，从而更加专注地为本机构服务；

（3）对银行合作定点商户，即时发卡可直接产生相应消费，会从设施、折扣、环境等各方面予以配合。

事实上，实时的背后是精细化、标准化、集约化操作。这包括前端销售统一操作设备，稳定且能与总行影像平台连接的传输程序，能够即时接收传送信息的平台，能够根据影像进行审批，审批系统支持

---

① 派驻商户的银行销售代表配发带 3G 功能、内置摄像头的上网本，在 21 分钟内完成摄像、填制申请表、申请表传送银行卡中心审批、回传确认码等操作，客户收到确认码之后，就可以当场在实现商户分期付款刷卡消费。正常卡片依然是在 2 周左右寄到客户手里，持卡人才可以到其他所有商户去消费。

即时接收，前端销售标准化（包括扫描操作和表种标准化）。

而即时发卡所依托的金融外包要求也较高，其影像扫描后的数据录入在数秒间即可完成，由系统自动切分所需录入的人名、数字、中文、英文，启动并发录入及录入信息的自动组合。

要想做到实时化与操作精细化的有机统一，关键在于把握好银行产品研发中的风险、回报和效率之间的平衡。

总之，创新永远是银行业发展的不竭动力与源泉。我国商业银行亟待在把握未来发展趋势的基础上未雨绸缪，做好银行产品服务创新的统筹规划，通过突破性创新来创造新的客户市场，带动业务可持续增长，让精益服务理念实实在在地得以彰显。

第三节　产品创新流程与工厂模式

国内商业银行并不缺乏创新精神和相应的管理要求，但国内银行缺乏的是一套将工作职责、专业方法和考核机制融为一体的、科学化的产品创新流程体系。

构建产品创新流程体系意味着：在产品研发前实施必要的客户之声调查和投入产出分析，确定创新所服务的实体经济客户目标及其需求；在产品研发过程中通过阶段审核以充分释放风险，避免风险遗传；在产品面世后进行客观的产品评价，以避免因创新目标错位和过程风险失控，进而付出不必要的银行财务成本、职员的职业生涯，乃至银行品牌和声誉的代价。

一、构建科学的产品创新流程体系

在业务转型与金融创新已成为国内商业银行提升市场竞争力关键支撑的大趋势下，如何采用科学的方法提升金融创新能力，成为摆在大多数银行面前的严峻挑战。

1. 建立科学有效的产品创新机制

我国商业银行应按照以客户为中心的原则，把握产品创新趋势，抓住扩大内需金融服务重点，建立在产品创新研发前进行客户之声调查、在产品创新过程中进行客户可用性测试、在产品面市后进行客户反馈评价的科学产品创新机制发力点。

因为产品研发与创新管理从机会识别、业务定向、产品定位、产品定义、开发协调、客户体验、产品上市、市场反馈到产品整合改进，几乎覆盖了银行经营管理的各个环节，只有建立科学的产品创新机制，才能让银行机构的产品创新成为一种实实在在的竞争力。

以国内某家银行为例。该行曾积极探索专业化创新的管理机制，其领先研发的产品创新流程体系主要内容包括：一是建立了专门的产品创新标准流程、产品创新快速流程和产品创新管理流程；二是通过客户之声调查、实施全行创意管理等工作，加强客户、市场和员工与产品创新的关联度；三是推动创新能力的提升，产品创新流程在分行的试点以及在业务条线的移植应用获得成功。

在该行新产品创新流程体系建设中，综合吸收了"战略导向之声""流程用户之声""同业标杆之声"和"金融监管之声"的相关要求。例如，为提升目标流程认可度，按照"80/20 法则"对总行各部门和相关分行访谈中提出的 130 个问题进行了分层帕累托分析，显示出反馈意见主要集中在需要健全新产品创新机制、流程步骤、角色与职能、管理指标、考核、快速创新流程 6 个方面，在全部问题中占比为 86%，然后在设计产品创新流程体系中聚焦解决这些主要问题，起到了事半功倍的作用。

该行的这个新产品创新流程体系设置了重大组合产品创新和快速市场响应创新的差别化研发通道（如图 3-1 所示），涵盖了（1）适用于战略型和扩展型产品创新的"标准创新流程"，（2）适用于不含 IT

实施的累进型、单一类别业务功能的扩展型产品创新的"快速创新流程"，以及配套的流程管理体系。

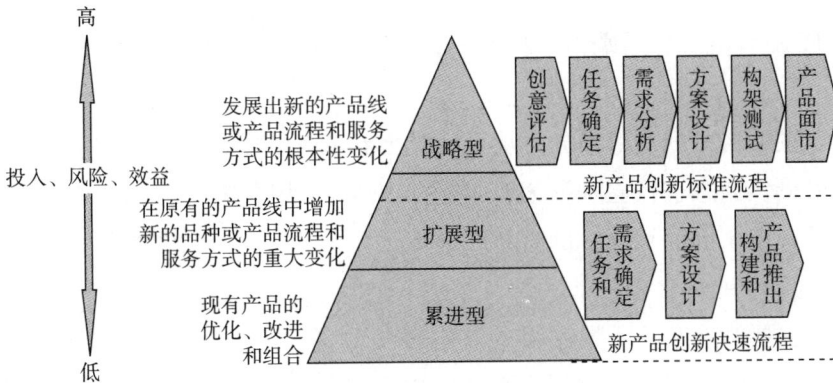

图3-1　产品创新流程体系

整个流程的阶段式进程从多个"概念筛选"→"概念定位"→"概念精化"→"初步设计"→"详细设计"→"产品定型"，体现出由浅入深、去粗取精的"漏斗"效应。

在该行的这个创新流程管理体系中，还划分了新产品创新决策、创新管理、创新实施、创新支持的各类责任主体以及流程运作中的相应角色，以新产品创新责任部门牵头组建项目团队方式运作。

为健全产品创新激励约束机制，专门设立（1）收益贡献度、（2）专利数、（3）获奖数、（4）项目阶段周期时间、（5）项目全周期时间、（6）项目阶段首次通过率、（7）项目产出率和（8）创意数八个量化指标，对创新流程的运作表现进行持续跟踪，以促进新产品创新责任部门增进和保持产品创新的质量、效率和效果。

该行的创新流程管理体系勾勒出的正是科学的产品创新机制：以客户需求调查作为事前决策依据，以标准化流程作为事中控制手段，以客户满意度和风险调整后回报作为事后检验依据。

比如，其中适用于战略型和扩展型产品创新的标准创新流程，通常由创意评估、任务确定、需求分析、方案设计、构建测试、产品面市六个模块化的"车间"组成高质量、高效率的新产品研发流水线。其前端与产品发展战略规划指引下的创意产生环节衔接，开发过程中和 IT 流程融合，后端与产品管理无缝隙连接。六个模块具体包括：

（1）创意评估

主要通过内外部评分对从全行收集到的各式各样的创意进行筛选，获得最佳创意进行立项研发。这道工序如同沙里淘金，旨在筛选出真正具有市场价值和开发价值的"金点子"。

（2）任务确定

主要明确产品研发项目的基本任务。确认目标、范围、关键质量指标和时间计划，组建项目团队，进行可行性研究、收集客户之声和流程用户之声，开展竞争者分析，拟写产品描述，提出项目概算。

（3）需求分析

主要明确产品研发项目需求。进一步开展定量客户调查和流程用户之声调查，绘制新产品流程，编制业务功能、流程模式、人员模式、信息技术业务需求。

（4）方案设计

进行产品研发方案设计。开展技术设计和业务设计，确定新产品流程，制定营销计划和员工就绪计划，提出试点计划和度量监控计划。

（5）构建测试

构建新产品和系统。实现新产品流程，落实前中后台的业务处理，开发相应的信息系统并测试，开发营销材料和营销工具，编制产品培训手册，实施试点并评估结果，确定整体实施计划。

（6）产品面市

产品推向市场。做好产品面市的业务、技术、人员、营销准备，按照整体实施计划的安排全面推出新产品，启动市场营销活动，并监测产品面市后的表现以稳定产品，实现产品由研发到经营管理的顺利移交。

毫无疑问，一个科学有效的银行产品创新流程体系需要以"市场驱动、并行协同、过程控制、融合集成"为特征，能够保持风险回报的动态平衡，以此全面响应和引导客户的多元化需求。

此外，健全的产品创新流程体系必须具备高度的适应能力、应变能力和相互协调性，因为银行产品的价值内容和形式的每一种变化都可以演化成产品的一种创新。因此，科学的产品创新流程应当实行部门间弹性边界和无缝链接的模块化管理。

模块化管理可以有效解决产品创新流程与产品管理流程和IT管控流程之间的互动和有机衔接问题，有利于根据具体产品创新需要和产品运行管理条件优选创新路径，有利于进行组合产品创新，也有利于采取"并行工程"提升产品全生命周期管理能力。

这种"流程互动，有机衔接"的要旨在于"熔合"的工作方法。像产品创新流程与IT管控流程之间的"熔合"，目的是解决业务部门之间、业务与技术之间由于信息不对称和沟通低效率所造成的瓶颈，提供一个高效率的交流平台，以期锻造出"熔合"业务与技术需要的高质量的业务需求，从而起到大幅度减少技术投入后因需求问题而带来的差错和成本的作用。

首先，"熔合"团队根据初步的业务需求制作出产品的业务流程。其次，召集产品各相关部门联合召开"熔合"会议，经过充分的讨论后形成"熔合"后的产品的业务需求。最后，在项目后续的运行中，"熔合"人员还要对需求进行持续跟踪，以保证业务需求的质量。

一个重大产品的"熔合"工作可能历时 1~4 个星期，每次集中讨论大致需要 3 天时间。"熔合"团队的人员通常具有丰富的业务知识和项目开发经验，能够根据对产品的理解制作原型化的、易于理解的、形象的"熔合"分析材料，并借助良好的沟通协调能力使"熔合"过程更加平滑顺利。

2. 让风险管理成为产品创新的"护身符"

要想做既赚钱又受人尊敬的银行,就必须将风险识别、评估和控制寓于产品创新流程之中。

风险管理是产品创新的护身符。商业银行的产品创新必须坚持成本可算、风险可控、信息可充分披露。只有全面、深入识别并定量化地评估产品创新风险,分析预防风险的潜在收益,制定和落实风险控制措施,才能实现对产品创新的有效管理。

产品创新流程体系必须引入风险过程控制工具,建立产品开发阶段审核模式,不断提升风险预控水平,其要件有三:

要件1:精准定位。

新产品创新流程体系应引入六西格玛量化分解思想,以把握收益、风险和流动性等产品特征在客户价值主张中所占的比重,达成产品精准定位。例如,通过有效识别预期收益与风险偏好之间的关系,精确把握客户特征,有效识别客户特征风险偏好与银行产品特征风险等级之间的对应关系,通过有效识别收益性与稳定性之间的关系,精确把握银行产品特征风险等级。

要件2:阶段审核。

新产品创新流程体系应建立产品设计子模块间的共同管理模式,相关部门和多个子模块负责人共同参与审核,确保并行工程的运转效率。通过采用六西格玛方法支持下的模块化管理,将复杂产品创新中多角度的风险识别、评估和控制的任务进行必要的分解,进行"阶段门"审核,并根据统一的各阶段审核评价标准,采用逐步细化的方式,明确产品创新各阶段风险管控和财务成本效益分析要求,从而避免风险遗传。

要件3:风险预控。

新产品创新流程体系中引入若干六西格玛工具模板,大大方便产品创新开发人员提高工作效率。例如，运用失效模式及后果分析（FMEA）工具，从内外部监管、市场、技术、财务、运营等多视角加强产品创新风险的识别、评估和预控管理；对于风险评价指标超过一定量值的，提供了降低风险预控措施技术模板，以利于提前释放风险。

总之，我国商业银行应按照以客户为中心原则，让客户需求与体验成为驱动产品创新的引擎，在产品研发前进行"客户之声"调查，在产品研发过程中做好风险预控方案和客户可用性测试，在产品面市后进行客户满意度和投入产出评价，这些对建立银行自身的市场竞争优势、加快向国际一流银行迈进的步伐，至关重要。

二、工厂化是银行面向未来的产品创新模式

科学的产品创新流程应当实行"部门间弹性边界和无缝链接"的模块化管理。银行产品研发的工厂化模式正是对银行产品创新流程要求和发趋势的积极响应。

越来越多的银行深受亚马逊长尾效应的启示，在银行理财产品掀起的利率市场化序曲中，开始挖掘80后、90后、老龄化人群、专业市场小企业主、供应链上下游客户群、商圈关联客户群等各类散户集聚而来的商机。

然而，一般化的客户细分和同质化的产品供给难以形成精益服务能力，并带来可持续的规模效益。真正的精益服务能力是基于客户需求分析的客户细分能力，以及针对细分客户需求特征的新产品服务定制能力及其动态定价能力。国际领先银行在这方面的成功实践就是依托模块化的产品工厂，为散户快速推出定制化的金融产品。

这是因为，创新并非发明创造，它是利用现有的各种产品元素创造出新的东西。创新就是整合，就是差异化。当前最为耳熟能详的创新典范是苹果公司的系列产品。

然而，当银行业面临产品创新"既要快速又要稳健"这对矛盾时，

深感不做标准化就无法快捷整合现有产品元素，去进行高效流程对接以提供整合的金融服务。因此，再造产品创新模式需要采取企业工程方法，在差异化和精益化之间搭建一个桥梁，这就是产品工厂模式。

产品工厂模式寻求的是业务与 IT 融合的通用化（Commonality）效应，即建立企业级、跨条线通用的产品标准、流程标准和数据标准，依托产品创新流程，为整合和差异化的产品创新奠定基础，减少因适应细分客户差异化需求所导致的偏离产品通用化的累积"偏差"（Divergence），以缩短产品研发交付周期，降低研发所采购的各种固定成本、可变成本，提升产品可靠性，且能适应当前风起云涌的大规模客户定制趋势，为互联网 2.0 时代新产品的线上线下同步部署、敏捷发布、精益服务延展了空间，为依托云计算和众包的协同创新搭建了舞台。

差异化的前提是标准化。只有通过先去除混杂于银行信息系统中客户、产品、渠道的差异化，建立起企业级、标准化的产品模型、流程模型、数据模型和用户体验模型，构建起业务与 IT 融合的银行产品工厂，依托企业级的产品标准；流程标准、数据标准和客户服务质量标准以及企业级的模型长效管控机制，才能使产品创新能够依托流程银行方式，"以客户为中心"动态组织资源，通过灵活的模块化组合和参数化定制，才能更好地快速响应客户差异化需求，才能建立风险回报动态平衡的核心市场竞争力。

狭义银行产品工厂模式的核心内涵是组件化、参数化产品创新，即在将产品的各种条件、规则等信息预先进行参数化定义，并按照其功能或者特定服务进行组件化封装的基础上，根据客户需求进行配置的一种创新。

广义银行产品工厂模式的内涵和外延包括银行产品创新流程运行、产品创新需求分析、产品创新功能设计、产品成果适用、银行产品组织管理的实现等功能模块。例如产品创新需求分析模块，通过将社会网络分析等方法应用于客户需求分析，揭示影响客户产品需求的核心因素及关键因素，为依据核心因素和关键因素设计银行创新产品提供条件。

除了银行产品工厂能力以外，实现大规模客户定制这一精益服务制高点，银行尚需同步建立统一客户视图、统一渠道管理、产品合约管理、动态定价管理等配套功能模块。

目前在国内外一些领先车企已经实现大规模客户定制。相信国内的消费者也很快就能在国内商业银行见证产品大规模客户定制的场景：

场景1：一些散户或一个大客户从各自的需要出发，对银行客户经理或从其他渠道提出既定期限、利率、赎回方式的理财产品需求，客户和客户经理一起选择产品。

场景2：银行产品经理综合客户需求以及产品组合风险对冲条件，在产品定制信息平台上对新产品进行预定义，选择所需要的定价规则集和定价表，根据输入的客户情况设置价格，启动产品定价引擎进行评估。

场景3：客户经理与客户在产品经理提出的价格上进行协商并确认最终价格，与客户签订合同。

场景4：银行IT人员在产品工厂将可售产品进行合成和产品元素组装赋值，产品条件被客户化定制，完成销售行为。

银行产品工厂带来的创新边际成本最小化与大规模客户定制衍生的产品规模效益最大化，要求银行建立基于客户需求事件驱动的前中后台创新协作能力，确保以客户为中心动态组织创新资源。这是未来流程银行的核心功能，也是银行精益服务时代来临的标志之一。

三、产品创新与金融产品创新实验室

作为开展金融产品创新的场所，建立符合自身定位的产品创新实验室，正成为银行业的战略性选择。这也是银行业追求产品创新科学化和精益化的体现。

　　银行业的产品创新实验有着特别之处：一是必须在有真实顾客参与真实交易的购买现场才最有成效，即现场试验；二是现场实验可能会增大失败的代价，比如万一实验失败，就可能损害客户关系，甚至损害品牌形象；三是现场实验可能的操作和结果测量也更加困难，因为在嘈杂的商业环境中，很难判断正在检测的变量是否就是导致观测结果的真实原因。

　　不过通过产品创新实验室开展产品和服务创新，在银行业已经取得了成功。比如美国银行，自2000年以来，一直在进行一系列正规实验，旨在为零售银行业创建新的服务理念。该公司将一部分支行改造成事实上的实验室（一个在产品和服务开发方面充当先锋的部门，直接目标是开发服务新种类和服务交付新方法），由研究小组创新与开发团队（I&D），在正常的营业时间里，面对真实客户开展服务实验，精确地测量实验结果，并将结果与对照分行进行比较，然后找出有吸引力的创新服务，在更大范围内予以推广。

　　下面详细介绍一下美国银行的产品创新实验室的实践经验和试验要点。

　　实验效果的好坏完全取决于从中所获知识的价值有多大。有效的实验必须具备下述条件：能将所研究的特定因素分离出来；能如实复制所检测的真实场景；能以合理的成本高效率地开展；能精确测量实验的结果，并将其用于改进实验的设计。

　　这些要求都很复杂，一旦实验环境从实验室变成真实的银行，由真正的员工实时为真正的客户提供服务，其中很多要求还会变得更加复杂。为此，创发小组认真考虑了怎样提高实验成效的方法，重点放在提高实验结果的可信度以及测量的精确度上。

　　关键点1：减少噪声干扰。

　　所测变量以外的其他变量被称为"噪声"。如果无法控制或测量噪声的干扰，实验结果就可能失真。在商业环境下进行服务实验，要控制噪声尤其困难。例如需求的季节性波动、不断变化的市场状况、人员调整，甚至是糟糕的天气在内的很多外部因素，都有可能改变顾客的感受和行为，从而造成实验结果失真。

为了削弱噪声对结果的干扰，创发小组主要使用了两种方法：反复尝试和实验控制。在同一个支行反复开展同一个实验，可以消除噪声的影响；在不同支行开展同一个实验，则有助于判断哪些因素是某个支行所特有的。

关键点 2：获得高逼真度。

利用模型或者原型来进行实验往往会产生可信度的问题。在真实世界中开展实验能够提高逼真度。不过，银行确实要考虑成本的问题。实现高逼真度需要大量投入，诸如银行改建、员工培训和技术升级等。

为此，银行要求各支行从运营预算中划拨实验费用。为了获得高逼真度，银行还必须应对所谓的"霍桑效应"（人们在知道自己成为观察对象之后，往往会改变自己的行为表现，从而导致实验结果失真）。该小组还设定了效应排除期（亦称"洗脱期"），也即在实验进行一两个星期之后再测量实验结果，让员工有足够的时间淡化对实验的新鲜感。

关键点 3：快速获得反馈。

如果能够立即获得关于自己行动的反馈，学习的成效就会最大化。但很多情况下，为了确保结果的准确性要花很长的时间，但是给出错误的反馈甚至比不给反馈更加糟糕。所以，为了保证实验的有效性，非常关键的是要保持反馈速度和可信度的平衡。

创发小组规定，每项实验至少要进行 90 天（排除期除外），然后才可以根据实验结果予以调整或者终止。一旦实验结束并且测得了实验结果，就必须判断这个实验是否取得了成功，以及是否应当予以推广。为此，需要进行一个简洁明了的两阶段分析。

首先，要对试点行和对照行的绩效数据加以分析，判断实验是否提高了客户满意度、营业收入、生产率或其他任何相关的绩效指标。

其次，要进行成本——效益分析，判断增加的效益是否大于全面推行新流程或新技术所需的成本。

事实证明，美国银行的这个项目取得了显著成果。在为期三年的时间内所开展的40项实验中，有36项被认为是成功的，并有20项已经被推荐在全国推广。

随着国外金融产品实验室的成功运转，国内银行业也开始借鉴国外经验，纷纷建立自己的创新实验室，以提高创新产品的风险回报平衡水平、投入产出效率以及对目标客户需求的适合度等。

2009年9月，国内银行业第一家专门致力于产品创新的实验室，在某全国知名国有银行率先建成并投入使用。作为同战略投资者美国银行的合作项目之一，该实验室充分借鉴了美国银行产品创新经验技术，运用创意集成、原型设计、场景模拟、可用性测试等科学方法和工具，由专业人员在特定实验场所进行协同研发。2012年，该行深圳产品创新实验室正式启用。

第四节　尼尔森在银行产品创新中的服务支持

银行产品创新包括原有产品的改进升级（含优化和组合）和新产品开发。任何一种金融产品其实都是一种金融解决方案，一个银行产品是否能够切中客户需求和真正解决客户的金融问题，是该产品成功与否的关键。

因此，在新产品开发的过程中与客户互动，真正了解客户遇到的金融问题和对产品的期望，以及在产品推出后及时了解客户对产品的反馈，成为银行产品开发过程中不可或缺的环节。

一、尼尔森在银行产品优化升级中的服务支持

优化升级现有产品是银行实施精益服务战略中经常开展的服务优

化策略。比如在个人家庭现金管理、对公现金管理、托管、代收代付、金融市场等领域的服务，根据客户体验需求变化经常需要优化升级。

针对外部客户，调研重点主要是产品和界面，具体调研工作包括：深入了解客户期望，建构外部客户体验模型，评估体验现状、找出SWOT，提出改进方向与建议等。

针对内部客户，调研重点主要是流程，具体调研包括：了解内部客户反馈，识别客户问题，分析问题原因，量化问题现状，提出变革推进方案，提出流程改进建议等。

2013 年底，国内某银行推出组合型新产品个人家庭现金管理服务，下面以这个产品为例，谈谈产品优化改进的策略要点。

1. 明确产品特点和研究议题

作为一项综合管理型产品服务，个人现金管理服务主要是将客户本人及其家庭成员名下的不同账户及不同用途的流动性资金进行归集整合，满足客户对流动性资金的全方位管理需求。

针对该项服务，尼尔森主要从客户需求与体验的角度，就其八项功能为基准切入研究。

（1）综合账户管理。可将客户及其家庭成员在该行的活期账户整合关联，确定一个主账户和多个关联账户。

（2）资金归集。实现主账户与关联账户资金的自动转移。

（3）资金划转。实现主账户与关联账户资金的自动转移。

（4）日常管家。统一管理各账户的信用卡约定账户还款、贷款委托扣款、基金定额定投。

（5）现金增利。可自动申赎理财产品或进行一户通互转。

（6）交易补款。可在关联账户支付不足时（包括 ATM 取款、银行ATM 转账、POS 消费），即时触发主账户资金转入支付账户补足支付金额。

（7）转款预留。可在主账户中预留部分资金不参与系统自动运行。

（8）综合账单。通过向客户发送电子账单，展示个人现金管理各项功能下的交易情况。

2. 提供完整的研究流程（尼尔森项目优化模型）

尼尔森认为，类似产品创新等精益服务优化项目，其推进过程将是一个闭环过程。在其内在逻辑上都将经历"探索—测量—改善计划—计划实施—表现追踪—持续改进"这样一个过程。

（1）探索

找准要解决的问题，即识别客户要求，确定关键影响因素。

在"个人家庭现金管理"项目优化中，该阶段的工作重点是"项目准备和目标确认"，即借助"内部深度访谈和桌面研究"，确保"市场研究项目组深入了解应用特征并输出需求"。

针对外部客户，主要目标是通过座谈会或深访，以及实验性体验访谈（界面），全面找出对产品大概念以及八项功能可能的需求点、体验点、亮点和问题点，形成假设。

针对内部客户，主要目标是通过深访（分新老内部客户进行比较分析）或通过试验性操作，统计完成特定任务所需步骤、时间、授权、录入等关键信息，全面找出内部客户对产品概念的评价，以及操作流程体验的评价，深入理解评价背后的原因，并对原因进行归类和梳理。

（2）测量

对关键质量指标进行量测，即收集整理数据，为量化分析做好准备。

在"个人家庭现金管理"项目优化中，针对外部客户，主要包括两块工作：一是客户体验建模，即通过综合分析，建构客户体验驱动因素模型框架；二是客户体验评估，完成客户体验驱动因素模型，并量化客户体验中的亮点和问题点，验证假设。

针对内部客户，对探索阶段发现的问题进行量化，验证假设。

（3）计划

提出具体的改进建议。

这一阶段的主要目标包括：分析外部客户调研发现，并链接到内部流程，讨论流程解决方案；分析内部客户调研发现，分析创新阻力和原因，讨论并形成流程解决方案和创新推动解决方案。

（4）计划实施

通过各职能部门的分工和协作，落实之前形成的解决方案。

（5）表现追踪

主要是通过听取内外部客户声音，了解解决方案的实际效果和执行情况。针对外部客户，将借助定量追踪研究，对计划实施前后的客户体验结果进行量化评估与比较，了解改进效果。针对内部客户，通过设立定期反馈机制与专人追踪实施效果，即在实施过程中不断了解执行落地情况和内部客户的体验反馈，及时调整。

（6）持续改进

根据表现追踪中发现的问题，不断提出解决方案加以完善，从而形成对客户体验的闭环管理，以及客户体验的持续提升。

二、尼尔森在银行产品研发中的服务支持

面对全新的市场需求，在计划推出新产品时，进行充分的市场调研是规避风险、提高成功率的有效管理手段。此时的市场调研有着特定内容和操作特点。

1. 确定调研目的和调研内容

在开展此类市场调查之前，首先要确定调研目的和主要议题。比如在某银行计划开发移动支付类产品时，确定的调研目的包括：产品定义的目标人群、详细产品概念、需要验证的假设等。

以某手机支付类产品为例，研究目标可以归纳为：

- 商旅人群的手机使用习惯和未来偏好；
- 商旅人群的日常消费场合和支付习惯；
- 商旅人群对手机支付概念认知、使用、评价和未来接受意向；
- 商旅人群对特定手机支付产品概念的接受意愿，愿意接受和不愿意接受的原因，以及他们对该产品概念的改进建议；
- 商旅人群的媒体接触习惯及营销类别喜好，等等。

2. 设计研究方案

在明确了调研目的和主要内容后，研究设计就成为非常重要的环节。研究方案本身科学与否将直接决定最后调研结果的可靠性。

在研究设计中，客户往往比较关注样本量，但实际上研究方法、人群定义、配额控制等设计细节，对研究结论科学性的影响往往远比样本量重要。

在具体的市场研究设计中，需要重点回答以下几个问题：在什么地方（Where）、以什么方法（How）、对哪些群体（Who）、开展哪些调研（What）。

首先是区域选择，即哪些区域的哪些城市。在城市选择过程中需要考虑到城市级别、城市地理分布、城市目标人群数量、GDP 等多种因素进行综合判断。

其次是受访群体和样本量，要具体到受访人数及其筛选标准。人群定义通常与产品的目标人群一致，样本量则需要通过对研究目标和研究产出进行平衡，参考统计学抽样误差的规律，给出具有较好性价比的样本建议。

接下来是确定研究方法。常见的有在线研究、电话调查、定点拦截、普通街头拦截、预约面访、入户调查等。事实上，并没有哪一种研究方法是完美的，也就是说每一种方法都有其存在的优点和价值，但也有其局限和劣势。研究公司需要根据研究目标和研究设计特点对研究方法进行平衡，有时需要多种研究方法取长补短。

最后是研究内容。需要从研究目标出发，逐条通过具体的研究大纲和问卷进行落地。在研究内容设计过程中需要建立解决研究目标的思路与假设，并确保这些思路和假设可以被研究问卷所支持。

3. 输出研究结果

所谓输出，就是对调研结果的汇总和解读，最后形成结论性报告及针对性建议。

在上述银行开发移动支付产品的过程中，可能的输出包括智能手机发展、商旅卡的使用习惯、产品概念的接受度、媒体接触习惯等。

更重要的是，研究分析需要对几类内容之间的内在关系进行探讨，并产生具体的建议。比如通过智能手机的发展判断新产品的市场前景，通过相关卡片的使用习惯，理解产品接受的驱动因素和阻碍因素，通过媒体接触习惯，支持未来产品推广的媒体投放。

4. 研究结果与实际工作对接

尼尔森非常重视每次市场调研的研究结果与实际工作的对接，因为这直接关系到每次调研能否真正实现应有的价值。在上述开发移动支付产品的市场调研中，这种对接体现在项目前期和后期两个阶段。

（1）项目前期。在研究设计时充分了解该行商旅人群新产品相关部门的构想与需求。前期沟通的充分与否直接决定了研究设计和内容是否有针对性和能够真正解决问题。比如：产品开发部门工作的目标，业务开发的重点，面临什么困难；那么他们达成目标过程中遇到了什么问题，需要了解市场什么信息来支持他们的决策或解决他们的困惑。

（2）项目后期。研究结束后与相关部门和分行对研究结果的利用进行讨论，对报告发现的现象进行深入讨论与理解，对新产品的驱动因素、阻碍因素、改进方向做出判断和行动计划，对产品后期营销传播方案制定初步框架等。

在产品创新流程中加入客户的反馈，可以大大提高产品的成功率。欲建立科学有效的产品创新机制，就必须以客户为中心，切实按照"在产品创新研发前进行客户之声调查、在产品创新过程中进行客户可用性测试、在产品面世后进行客户反馈评价"的产品创新流程，推进银行产品创新工作卓有成效地开展。

三、优化器技术（Affinnova）在银行产品创新环节的应用

银行产品创新中往往遇到一个典型的商业难题，有时构成产品的要素很多且每个要素都有多种选择，最终形成的产品通过要素排列组合可能有几万种甚至百万种可能。如何在数量巨大的排列组合中找到最能切中客户需求的产品组合呢？以信用卡为例，一个信用卡产品往往伴随着多种信用卡权益，这些权益可能包括优惠商户、特定活动、航空汽车、保险、运动健康、贵宾服务、旅游商旅、法律咨询等等，在纷繁复杂的组合中，银行往往仅能基于对客户的理解和经验做出选择。

在尼尔森看来，客户实际上就是最好的产品设计师，银行不妨把选择权让渡给客户。借助尼尔森产品优化器（Affinnova），可以根据信用卡权益要素自动生成产品，让细分客户群不断比较和选择，基于优胜劣汰适者生存的法则，让最有吸引力的权益组合最终胜出。在整个访问过程中，客户都在不断比较并选择系统基于要素自动生成的产品概念，最终，最受该细分客户群欢迎的产品自然浮现在银行面前。产品优化器方法甚至可以应用于信用卡的卡面设计，把卡片底图、文字、位置等要素提炼出来，让客户不断比较不同设计组合，最终发现最受欢迎的卡面设计。

优化器技术目前已经应用于银行、保险等多个金融行业，并被证明在复杂组合要素类型的产品创新中可以扮演重要角色。

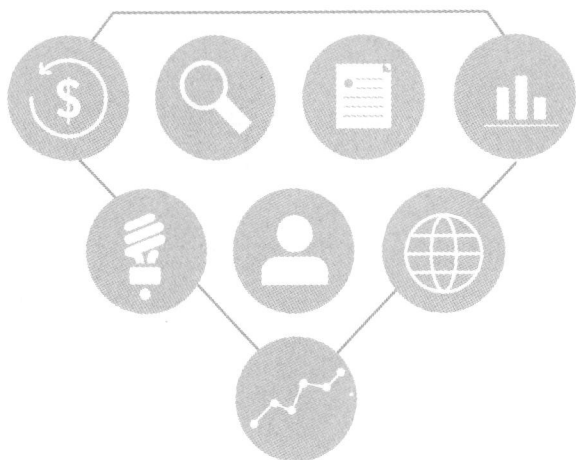

第四章

银行精益服务与渠道变革

目前，国内外银行业的服务渠道都面临着前所未有的深刻变革和发展机遇。

一方面，银行物理网点（营业大厅、24 小时自助银行、ATM 等）呈现出小型化、智能化、社区化的趋势。其独有的人性化交互服务特点，使其仍然为众多客户所依赖和偏好，在数量上有可能持续增加，其服务潜力远远没有被发掘出来。

另一方面，电子银行（诸如电话银行、网络银行、手机银行，甚至微信银行等）作为目前银行业发展速度最快、上升空间最大的新兴服务平台，正借助数字技术而创新不断，客户体验也越来越精彩。

银行服务渠道作为顾客获取银行服务、实现金融消费的重要接触点，客户的接触体验对银行运营至关重要。所以，银行机构在贯彻精益服务理念的过程中，需要在传统营业网点、电子渠道及其整合上，为顾客提供尽可能便利、高效、舒适的服务体验，打造一个能够真正适应未来竞争的智慧银行（Smart Bank）。

第一节 智慧银行与渠道变革

智慧银行不是数字设备的堆砌或大数据的噱头，而是依托大数据支持，能提供超级客户体验的精益服务型银行。如果将智慧银行比喻为一棵树，这棵树是否枝繁叶茂显示的是银行精益服务的水平，而树是否枝繁叶茂又取决于根系是否扎实，也即银行对产品创新、流程优化和数据挖掘的精细化管理成熟度的高低。

过去十年到十五年，更便宜、更快捷、更简便的服务方式不断涌现，销售模式的改变带来客户购买行为的显著变化，越来越多的客户开始热衷于网购，下一个十年，3P（产品、地点、促销）将不再奏效，银行核心客户的购买行为将依赖于看和听，而不是依赖于触摸和感觉。这种金融生态环境的巨变，迫使商业银行产品服务方式和渠道建设必须进行战略转型，成为智慧型银行将是未来渠道变革大势。

一、如何破解银行业 O2O 焦虑症

世界已进入多屏时代。美国网络媒体 Business Insider 发布的《移动互联网的未来——2014 年移动互联网年度报告》指出：移动媒体是目前消费时长唯一保持增长的媒介，通讯应用、电商应用、移动支付都发展迅猛。

中国许多商业银行也开始关注 O2O 模式对银行业的影响。2014 年以来，中国出现了大量论坛和沙龙，在讨论互联网金融乃至移动互联金融的发展方向。这些探讨所凸显出的行业焦虑显而易见：

* 银行网点的舒适度和数字化程度的提高，会吸引更多的客户来网点办业务吗？

* 从中期来看，银行网点、网银还是手机银行，哪个会成为客户的主要交易渠道？

* 对于手机和网银上不容易开展的业务，是否是银行网点新的收入增长机遇？

* 到底是将网银或手机银行作为服务渠道，作为吸引客户到网点的推动器，还是把它们作为比网点更能满足客户需求并提高银行收入的渠道？

* 是不是银行网点由于监管宽松些，银行更注重来自网点的收入？

……

这些讨论中出现频率较高的议题几乎都与线下网点服务如何与线上服务整合有关。这不仅因其事关银行网点服务新一轮战略转型，而且涉及 O2O 是要 APP 还是要微信开发。有关 O2O 的讨论已不仅仅是"人在江湖，身不由己"，而是涉及新型生态环境下银行机构的江湖地位。

O2O 概念一般认为是 2010 年由美国人 Alex Rampell 最早提出，即

Online to Offline（在线/离线），是指线上商务机会与互联网结合，让互联网成为线下交易的前台，或者说只要产业链中既可涉及线上又可涉及线下，都可称为O2O。O2O与B2C、C2C的区别是B2C和C2C在线上购买产品，通过物流将产品配送到客户手中，而O2O是指线上购买的产品或服务需要到线下去享受。

O2O的应用平台主要有两种：一是自建平台，即商家自建的独立专用的APP平台，二是商家借用第三方平台。两种平台的使用各有优劣，使用哪种平台取决于商家自身情况。就银行业而言，是发展自己的APP（手机银行）平台还是第三方平台（微信等），需要根据自身情况来选择。

像大型商业银行和股份制银行，由于具有相对较强的科技力量，银行分支机构和员工、客户都是银行产品宣传的力量，且手机银行平台已经发展成熟，所以发展银行自己的APP具有很大的优势：一是可以建立合适的风险控制规则，二是可以根据企业的战略安排O2O发展计划，三是方便快速发展新业务，四是可以获得客户的核心数据。

以微信为代表的第三方平台优势也很明显：一是具有3亿的客户量；二是社交型的平台，业务可以爆炸式发展；三是针对性精益化的营销方式，企业宣传良性发展。

大型银行和股份制银行可以结合自身情况，在发展O2O模式方面可以银行APP为主（尤其发展高风险涉及资金的核心业务），同时利用微信等第三方平台的宣传力量发展风险可控的资金业务和其他服务性业务（近年已经有银行利用手机银行平台提供特约取款、预约叫号等服务）。这种O2O模式既可以保证自身业务的顺利健康发展，又可以充分借用第三方平台的客户群和营销方式。

2014年是中国移动互联网4G元年，O2O商业模式将伴随4G业务进入高速发展期。目前虽然很多国内外商业银行都不同程度涉足了O2O商业模式领域，只是仅仅掀开了冰山一角，仍然有很大的想象空间。

目前一些商业银行对于移动互联网的研究和应用仍不够深入，尤其是在移动平台的业务架构和 IT 架构设计体系上不够健全。O2O 天然需要移动互联网的土壤，商业银行发展 O2O 业务也需要引入移动互联网的基因——随时、随地和随意。

二、基于 O2O 的智慧网点服务

智慧银行并不是装备了一些数字设备的网点，而是"随风潜入、润物无声"的贴心客户服务体验以及更高的银行投入产出效率。移动互联网经济时代实际上是体验经济时代。对于消费者而言，基于 O2O 的渠道也只是一个通路，消费者的感受才是核心。

智慧银行意味着分析数字设备所记录的客户行为数据，通过数据关系，银行可将客户使用手机的数据信息与对该客户销售的银行产品的信息进行关联，可将客户购买银行产品的地点与客户对支付渠道的偏好相关联，可对客户搜索的产品进行量身定做并实时反映；同时客户也可以了解他所有的资金情况并帮助他们得到日常消费的最佳建议。

所以，智慧银行意味着未来金融机构的竞争在某种程度上是产品服务流程及其背后的金融应用程序的竞争。基于 O2O 的智慧网点，可以提供更贴心的服务。

1. 更方便的客户预约服务

当客户预约办理业务时，第一步，银行客户希望预约办理某项业务，他打开网点服务手机应用，手机应用可以识别到用户的级别。

第二步，手机为用户提供地图查看显示周边网点。旗舰店用不同的图标显示。按照不同的用户级别显示不同银行网点和不同级别用户的排队情况。

第三步，用户进入需要办理业务，了解详细信息，之后直接进行预约，如可以进行手机银行办理，则直接跳转至手机银行。

第四步，用户点击预约后，系统显示预约号、排队时间信息、需携带证件信息，同时将提示可以进行业务预填单。

第五步，如该事项能够进行预填单，用户手机直接输入相关业务预填单信息，节省柜台填写等待时间和柜员操作时间。

2. 更贴心的客户互动服务

当客户排队取号时，第一步，某客户进入网点，刷卡叫号办理业务，自助服务终端拍摄当前客户上身照，系统自动告知客户经理所在位置。

第二步，通过大数据分析，在号条上显示与你类似的客户选择了什么产品。大堂经理通过手持智能终端，可以查看到网点客户清单、排队等待情况，并快速识别 VIP 客户。如果客户没有预填单，同时大堂经理通过移动 PAD 引导客户预录信息，客户无须手工填单。与此同时，在大堂经理的设备上可以看到他在和客户沟通时需要使用的常用话语。大堂经理手持智能终端显示客户的各项基本信息，以及由 CRM 自动分析得出的可以推介的产品和服务事项。大堂经理通过手持智能终端将推介的产品展示到互动墙上，吸引 VIP 客户的关注。

3. 更智慧的客户理财顾问

当 VIP 客户购买银行产品时，第一步，将 VIP 客户引领 VIP 服务区，系统自动识别该客户身份，同时周围的电视墙根据大数据分析，播放客户可能感兴趣的产品信息。

第二步，对于理财相关业务，大堂经理引导到理财经理，理财经理在接待客户之前通过手持智能营销终端直接查看到当前客户相关投资组合和历史交易情况。

第三步，理财经理向客户进行详细阐述新的理财产品信息，互动桌将提供逼真的产品资料信息，同时可以通过手机获取保存相关资料到个人网盘。

第四步，投资顾问可以在远程提供支持。投资顾问可以在远程直接操作客户经理和客户身边的桌子。

第五步，产品介绍完毕后，可以通过模拟投资器进行模拟投资并计算投资回报，同时在客户认同后，即可直接购买该理财产品。

第六步，如果客户需要考虑，理财经理也可以将产品资料信息传递到客户手机里。

三、随时随地的移动金融服务

智慧银行还体现在更加智慧化的移动金融服务上。

1. 更方便、简单、直接的移动银行连接

其一，通过手机、电脑和平板电脑进行认证。例如英国的 Barclays、加拿大的 Scotiabank 以及土耳其的 Garanti，让客户能够在没有网上银行进行注册的情况下，注册移动银行。

其二，手机银行的功能与特点的演示说明。例加拿大的蒙特利尔银行（BMO），可以为新用户提供简单直接的演示说明，德国邮政银行（Postbank）提供使用辅导说明，法国巴黎银行（BNP Paribas）和巴西 la Caixa 银行在客户登录之前，提供移动应用功能的预览。

其三，客户无须登录即可获取信息和工具。例如澳大利亚联邦银行（Commonwealth Bank）的"Simple Balance"和加拿大丰业银行（Scotiabank）的"Quick Balance"，让移动银行的用户无须登录，便能快速查询账户情况；又如 mBank 为客户主动推送个性化、基于定位的产品套餐。

其四，在确保隐私与安全的前提下进行简单登录。例如英国巴克莱银行（Barclays）、英国合作银行（The Co – Operative Bank）、英国国民西敏寺银行（NatWest）等，能提供通过记住登录所用的设备，采用昵称登录，或者简单的 5 位密码登录。

其五，如果客户在驾驶状态时，可以提供方便客户使用安全的语音认证登录；或者当用户需要提取比预约金额更大的数目时，会需要使用语音安全和认证短语。

2. 更贴心的客户化定制和推送

其一，私人定制化的客户体验。通过提供个人财务目标设定功能帮助客户进行财务管理，如土耳其的 Garanti 银行的手机银行应用，能够自动分类和计算客户的消费支出，并基于此以及其他客户已计划好的支出，显示出客户到这个月底还能够消费多少钱；又如 Garanti 银行与商户合作，推出客户化的、基于客户位置的、以客户为中心的产品和套餐。

其二，更精准的客户营销。基于客户属性、交易数据和行为数据，结合动态和静态的分析技术建立客户社区细分，根据社区同理心和信任影响，来引导当前用户的投资和消费。

3. 更智慧的账户管理

其一，简捷查询历史交易记录。交易历史是在所有手机银行应用中排在第二位的最经常被浏览的功能，排序和筛选是非常普遍的功能，西敏寺银行（NatWest）、丰业银行（Scotiabank）、美国银行以及 Garanti 银行等许多银行的手机银行中，都提供了关键字搜索功能。

其二，接收、浏览和存储重要文档。许多银行在移动文档存储功能方面都比较弱，如存储每月的对账单等。不过像巴克莱银行，率先推出了数字云保险库，使客户能够通过快照、加标签和设置提醒功能，来查看和上传账单等一些财务文档。又如简易的转账和账单支付功能，无须对方账户细节信息进行转账，通过摄像头功能完成存款支票和账单支付，通过电子钱包管理产品电子套餐、支付与奖励积分，加拿大最大的帝国商业银行（CIBC）最近还推出了移动支票功能。

其三，客户在公共场合时，为了方便客户，支持使用自然语言助理，客户可使用语音命令完成账户查询和操作。

4. 更快、更智能的支付服务

从非常简单的支付转款机制 PayPal 的出现，到现在令人眼花缭乱的支付方式如 Dwolla①、Square②、Venmo③、LevelUp④、M – Pesa⑤、Alipay⑥ 等，丰富的支付平台使人们的日常生活更为便捷和安全。当然这也不是几年前任何一个银行家敢于想象的。

支付的未来不是支付本身或支付机制，而是支付为客户和商户提供什么。商业银行在近几十年曾经历了将转款流程变得越来越复杂的过程，这可能是由于风险缓释的需要和反洗钱的需要，不过随之而来的是越来越大的客户抱怨声。客户要求简捷的转款流程，并希望在支付前和支付后都要创造价值，移动支付正在将支付变得无处不在。在未来几年还对此熟视无睹的银行将落伍于时代。

移动支付还将带来数据的改变并推动新的支付框架。数据提供了

---

① Dwolla 是美国一家成立于 2008 年的电子商务公司，主要提供的服务是在线支付工具，也称 Dwolla。Dwolla 可以即时向某人支付任意数额的资金，不根据交易金额按百分比收费。Dwolla 摆脱了信用卡和信用卡的手续费，被看做是信用卡的终结者。

② Square 是美国移动支付初创公司。Square 的用户（消费者或商家）可以利用 Square 提供的移动读卡器，配合智能手机使用，在任何 3G 或 WiFi 网络状态下，通过应用程序匹配刷卡消费，使消费者、商家可以在任何地方进行付款和收款，也因此该公司被认为是"硅谷下一家伟大公司"。

③ Venmo 是一家位于纽约市的小额移动支付公司，其亮点在于它巧妙地将社交元素导入支付过程，其目标是"做移动支付领域的 Facebook"。

④ LevelUp 是位于波士顿的 SCVNGR 公司的子公司，提供本地移动支付和奖励应用，支持用 QR 码完成移动支付。

⑤ M – Pesa 是风靡肯尼亚的移动银行服务，这项服务可以通过手机短消息便捷地支付、转账、兑现。

⑥ 即支付宝，目前国内使用最为广泛的网络支付平台。

支付的内容，框架提供了向任何人、任何地点实时支付的灵活性。移动支付可瞬间实现转款，不再需要携带现金。最终，这种快捷支付方式将消灭低效率的支票、电汇。

现有的全球支付体系的问题在于客户需要开立银行账户，这也是为什么现金在大多数缺乏银行的国家盛行的原因。

开立银行账户的阻碍是显而易见的，而拥有手机的阻碍要小得多。手机既可能将成为没有银行账户的穷人们青睐的支付平台，也已经逐渐成为中产阶级人士得到相当于私人银行定制服务超值享受的媒介，手机正成为发达经济的每日银行交易渠道。到2020年，最常用的银行账户应是手机账户。

未来资金可以在任何时间、任何地点以最为顺畅方式进行转移，正如Dwolla公司的创始人所说的"我们的支付网络将让任何人或任何与互联网相连接的事物将资金转移到任何人或任何与互联网相连接的事物，收款人不用支付费用。"

作为应对之道，如果想避免被第三方中介平台与客户隔离开，而仅仅作为中介平台的银行服务供应商，商业银行的移动银行支付平台就应当更智慧地整合衔接商户和供应链移动网络服务平台。

四、基于大数据的精细化管理

智慧银行不是数字设备的堆砌或大数据的噱头，而是依托大数据支持，能提供超级客户体验的精益服务型银行。

1. 具备更精准的客户识别和营销能力

其一，外部网络信息画像和内部交易信息画像结合在一起，就形成360度全景客户视图。这包括将 E - mail、在线聊天记录、网上痕迹、客户交流记录等交互数据，以及市场调研、社交媒体等舆情数据，进行社交网络画像；银行将客户统计信息、客户特征、客户自描述信息等客户数据，以及交易、支付历史、使用历史等，进行内部信息画像。

其二，从供应商、社交网络等渠道采集最终用户数据（如谁买了我的产品、谁在评价我的产品等），形成360度产品视图，以改进产品设计和服务。

其三，基于客户微关系、标签化，做"微关系营销"。例如归集整合客户的同学关系、同事关系、家庭关系、好友关系、账户关系、位置关系、喜好关系、互粉关系、转账关系、微信关系等微关系，进行内容挖掘，建立客户兴趣标签、需求与场景应用标签。例如国内某银行与新浪、腾讯达成协议，将5000条微博信息给银行，获取客户邮箱号和手机号，利用客户年龄和收入区间等设立标签，为客户画像，用标签和关键词去微博中找目标粉丝，对目标粉丝进行定向营销，客户可接触率达到18%。

其四，基于网络银行日志、手机银行日志分析，结合交易数据，为互联网金融和直销银行分析服务，譬如综合微博、电销、WEB、呼叫中心数据，提前为营销准备话术。

其五，某银行将高德地图与业务数据结合，标记每一个街道有多少个微小企业客户，提高从互联网的"获客"能力。

2. 拥有更客观的客户评级和更及时的风险预警能力

银行传统的信贷远远不能满足消费者和小微企业的需要。2014年7月，这已经引起了中国政府首脑对商业银行的批评。在这之前的两三年中，美国和中国的P2P信贷增长都很迅速。美国最大的P2P信贷平台Lending Club 2013年1月的总贷款额是12亿美元，现在总贷款额达到30亿美元。其年利率为13.34%，而信用卡的年利率为14.96%。该公司基于风险定价的模型比传统银行的信用卡信贷相比，为客户节约了大量的成本。

同样在 2014 年 7 月，中国 P2P 可接入人民银行个人征信系统，也许是对 P2P 的最新利好消息。如果银行也可以借助更客观的客户评级实现差别化定价，并获得更及时的风险预警预控能力，那么银行机构在开展信贷业务时就不用再仅仅依靠简单的让利了。

3. 培育基于大数据的分析能力

培育基于大数据的分析能力对于优化现有的冗长、复杂和不透明的信贷审批和申请流程将有所助益。

一是基于客户行为的更为准确的模型可提供更为准确的预测数据，并将在近几年内快速取代旧的信用评分模型。例如，通过综合分析交易数据以及文档信息、财经信息、市场信息，帮助某银行采集并处理客户资料，计算每一个客户信用风险等级和利率推荐。

二是从大数据角度来看另外一个重要领域就是预先审批能力和评价客户是否需要贷款的能力。银行根据客户对贷款的需求来进行预先审批将是近些年的热点。这个能力的实现可通过观察行为的相关数据，如进入汽车销售店、在谷歌上的搜索内容、客户子女的生日、大学入学等契机，所有这些数据可让银行更有效率地来满足客户的需求，甚至可能是客户提出需求前。

三是大数据应用有助于提升风险预警和控制效率。现在银行追踪一个已经违约的客户的流程成本很高，而成功率很低。然而，如果银行能在客户违约前根据客户行为采取一些措施，即预先采取风险管理措施而不是简单的事后惩罚性的措施，这样可大大减少违约。例如，某银行通过对不同关联企业之间的关系及其担保圈关系的客户关联网络大数据分析，实现更及时的交易对手风险预警。这种潜在风险的管理能力要通过技术和数据来解决，这将在信贷领域迅速掀起一场变革性活动。

第二节 把握"关键时刻",提高网点满意度

由于营业网点能够提供人性化的交互服务,便于处理高价值、较复杂的交易和服务需求,所以仍为众多客户所依赖和偏好,依然是零售银行最重要的竞争优势,是客户更容易直观比较各行差异的重要渠道。

营业网点作为银行软硬件与客户互动最为集中的地方,在客户体验方面承担着无可替代的作用,但很多银行恰恰在这一环节出了问题。银行机构唯有努力把握住来自终端的每一个"关键时刻",做好"关键接触点"的客户体验管理,才能"赢在大堂",留住客户。下面让我们来看一个真实场景:

某客户着急办理银行业务,当他进入一个银行的营业网点后,却发现这个网点的 6 个窗口中,开了 3 个,关了 3 个,开着的窗口要排队半小时,在客户急于获取服务的关键时刻,银行却没有给他很好的体验⋯⋯

在了解该网点服务现状的过程中会发现,大量的简单存取款、转账、缴费业务占据了这个网点的宝贵资源——柜员。在对该网点的深入诊断中发现,该网点的几个关键服务做得都不够到位,比如没做好渠道交易分流,没有很好地把简单交易业务向自助设备、网上银行分流,在前后台分离、运营集中和适度外包等环节还有待改善。

上述案例所反映的问题其背后是如何把握客户需求,真正"以客户为中心"。而要想做到"以客户为中心",就需要弄明白"以什么客户为中心"和"以客户的什么为中心"这两个核心问题。

现在有些银行已将很多业务转移到后台,其转移原则是:能够让柜员做的不要让客户去做,能够由自助设备做的不要让柜员去做,能由后台做的不要让前台去做,能由上级行做的不要让下级行去做。只

144

是业务转移的前提是充分听取客户声音，真正厘清哪些业务适合剥离到后台或外包处理。

一、决定营业网点客户体验效果的"关键触点"

2002 年诺贝尔经济学奖得主丹尼尔·卡恩曼（Danny Kahneman）将源于心理学的综合洞察力应用于经济学研究，提出了"峰""终"体验的著名理念。他指出，主宰客户体验的是"峰点"和"终点"两个关键环节的感受，与好、坏感受的总比重以及体验时间长短无关。其中，"峰点"是指在体验过程中，客户认为最重要的环节；"终点"是指客户体验过程的结束环节。

不少服务型企业已成功引入"峰—终"规则，在各自领域都具有独到之处，值得学习和借鉴。先来看看宜家家居。"峰"就是物有所值的产品、实用高效的展区、随意试用的体验、美味便捷的食品，而"终"可能就是出口处那 1 元的冰淇淋！而星巴克的"峰"是"友善而且专业的店员""味道正宗的咖啡"，"终"可能就是"店员的注视和真诚的微笑"。所以尽管整个服务过程中有"排长队""价格昂贵""长时间等待咖啡制作""不容易找到理想座位"等不愉快遭遇，但客户下次还会去。

就营业网点而言，客户的网点体验从寻找网点开始，到业务办理完成后离开营业大厅结束。整个过程可以分为人流、客流和业务流三个阶段十多个环节。

"人流"的客户体验环节包括网点寻找、到达距离、网点门前等；"客流"的客户体验环节包括营业环境、大堂经理、自助服务、排队等候等；"业务流"的客户体验环节包括业务推荐、高柜/低柜业务办理、现场/事后投诉处理等。

国内某银行在一次专项调研中发现，客户对营业网点服务体验过程的"峰点"有两个，分别为"排队等候"和"高柜业务办理"。根

145

据"峰—终定律",如果客户在银行营业网点体验过程的"峰点"和"终点"(客户办理完业务,离开营业网点环节)的体验是愉悦的,那么客户对整个营业网点体验过程的感受就是积极愉悦的。因为"终点"(客户离开营业网点)体验环节比较简单,无须赘述,需要特别关注的是客户体验过程中的"峰点"(即关键体验环节)。

二、优化客户等候时间

营业网点的服务效率是影响客户满意度的关键因素。其中排队等候是影响客户评价营业网点服务质量的重要环节之一,也是目前国内整个银行业客户满意度相对较低的环节。从排队等候环节的细项指标来看,排队等候时间是等候环节亟待改进的重点。

以某银行北京分行的调查数据看,客户在营业网点平均等候时间近16分钟,而20分钟是多数客户能够忍受的时间底线,一旦超过,满意度将大幅下跌。所以,将20分钟设定为厅内等候的时间底线,既能最大限度维系客户满意,又不会给营业网点带来过大的服务压力,是具有操作性的服务标准。

营业网点排队等候时间主要体现在两个方面:一是绝对等候时间,即客户在营业网点等候业务办理的真实时间;二是相对等候时间,即客户主观感知的等候时间。

对于"绝对等候时间"较长的问题,主要由"处理过程不快捷"和"业务量大"两大影响要素导致,这可以通过现场控制和引导、渠道分流等措施来解决。对于"相对等候时间"较长的问题,可以通过管理客户等候时间和预期来改善客户感知。

下面从渠道分流、现场控制和引导、管理客户等候时间三方面来谈谈优化客户等候时间的策略和方法。

1. 加强渠道分流工作

缓解营业网点排队等候压力的方法之一就是业务办理渠道的分流。将操作性的柜面交易，引导到电子渠道、自助终端等非人工渠道上办理。渠道分流可以从以下两方面入手：

一是加强营业网点外分流，使客户尽量选择网上银行而不用进入营业网点内办理业务。可利用网点内的网上银行使用体验区域，指导被访者进行首次体验；同时，还可以通过促销、奖励等手段固化客户的行为。

二是合理进行营业网点内分流。一方面，将办理简单业务（如存款、取款、缴费、转账）的客户分流到自助设备；另一方面，针对客户需要柜员办理的非现金类业务，在排号机取号的过程中，实现由高柜向低柜分流，从而减轻高柜业务办理压力。

要想做好网点内分流，大堂经理需要主动询问客户办理何种业务，并帮助客户选择适合的办理柜台；同时，网点需要完善营业网点内高低柜功能分区。

调查发现，客户对于自助设备、网上银行的认知比例较高，而使用障碍主要集中在两方面：一是安全性，对此需要通过对安全技术方面的宣传来使客户放心；二是操作的方便性，对此需要重视界面和操作流程的设计。

2. 强化现场控制和引导

为了提高营业网点现场管理的效果和效率，一种可借鉴的方式是根据不同的客流量，设定不同的现场控制和引导原则：客流量小时，大堂经理或流动岗可以全程引导、陪同客户办理业务，厅内活动随客户而动；客流量大时，大堂经理或流动岗需要有固定的引导线路，并设置多名流动岗人员，分区域控制引导，以提高管理的协同性。

3. 管理客户等候时间

通过弱化客户对等候时间的感知，降低客户在等候过程中的焦虑，是管理客户等候时间的主要目的。

很多去过"海底捞"餐厅的顾客都有体会，由于在等位时间，店家提供的活动丰富多彩，使大家安享等待时光的增值服务。这对银行机构的启发意义在于，可以在等候环节中增加预咨询、业务预处理（如填单）和业务推荐等内容，通过上柜前的提早准备，缩减柜台上业务办理的时间，进而提升业务办理效率，减少等候时间。另外，充分利用客户等候时间进行服务和营销，减缓客户对等候时间的主观感知。

调查显示，目前有一多半客户在网点等候时什么事都不做，只是专注于等待叫号。而使用了银行提供的等候消遣物品（如报纸杂志、宣传小册子）和接受过业务推荐的客户对排队等候的满意度评价较高。

因此，顾客等待时间是银行进行营销宣传的最好时机。银行可以通过在等候时提供服务和营销，来分散客户对等待过程的注意力，间接提升客户满意度，同时也能提高银行产品的销售效率。

此外，在营业网点内张贴客流流量分布示意图，告知客户每周各天和每日各时点的营业高峰时段，也是缓解营业网点压力的有效手段。这一方面可以管理客户对等候时间的预期，另一方面也能帮助客户自行实现时间上的分流行为。

三、提升柜员业务办理效率

高柜业务办理环节是另一个关键体验环节（峰点之一）。调查发现，从高柜业务办理环节的细项客户满意度表现上看，柜员业务办理效率表现普遍较低，所以是银行亟待解决的关键问题。

以某银行为例。通过对客户办理业务过程的观察和记录发现，该行北京分行营业网点高柜业务的办理时间平均接近7分钟。简单业务

（存取款、缴费、转账）的办理时间较短，而复杂业务（储蓄账户管理、贷款、信用卡业务）的办理时间较长。因此，为了办理简单业务而长时间等候的客户应当成为银行机构进行渠道分流的主要群体。

解决高柜业务办理效率的问题，一方面需要从银行内部分析原因，从内部管理和服务流程等方面查找业务办理的低效因素。另一方面，通过在等候时间中对业务的预处理，也可节约业务办理的时间，促使业务办理过程标准化和简单化。

四、在其他典型环节上改善客户体验

满足客户的核心需求是服务提升的重要方向。下面针对营业网点其他典型服务环节，介绍一些有效的服务举措。

1. 营业厅寻找环节

在这个环节，客户的核心需求是准确获得有用的网点信息。银行可以通过印制"营业网点位置温馨提示卡"来加以解决，用地图形式标明本区域附近的所有网点和自助机具位置，同时标注网点营业时间、联系电话、是否有停车位等便民信息。目前也可以考虑借助"基于地理位置的服务"（Location Based Service，LBS）为客户提供信息查阅服务。

2. 网点门前环节

此环节客户的核心需求是停车安全。通过专人进行停车引导，对个人财产及停车安全进行相关提示，可有效提升网点前的车辆摆放效率和客户的体验感受。

3. 网点内环境环节

此环节客户的核心需求是环境整洁、秩序良好。这可以通过营业网点内专人分时段执行环境清扫任务、专人分时段执行秩序维护任务等方式加以解决。

此外，还应注意改进营业厅功能分区，优化物品摆放标准，其目的是既能提高现有营业厅面积的利用效率、突出对重点业务的营销，又能够方便客户。

4. 自助设备服务环节

此环节客户的核心需求是设备无故障、操作简便。这可以通过指定负责人引导、帮助客户流畅完成业务体验，及时解答客户疑问来解决；银行可主动积极向学习能力较强的客户群体推荐使用自助终端。

5. 投诉处理环节

此环节客户的核心需求是处理态度诚恳、问题得到解决。为及时缓解客户不满情绪，避免投诉升级，可采取的措施有：建立隔离区，控制矛盾扩散；针对当时未解决的问题，主动承诺解决时间和解决方式；后期及时回访，了解客户反馈等。

6. 离开环节

此环节客户的核心需求是礼貌感谢、个人财产安全及停车安全。可采取的服务手段有：真诚致谢并送别客户，随身物品携带提醒，确认车辆保管无损等。

五、对"赢在大堂"的战略性改进

除了关注营业网点内外关键接触点外，还有很多用于支持关键接触点服务的基础工作需要做。

1. 持续推进传统网点的整体转型与升级

从 2004 年开始就被银行业谈及的网点转型，到了今天依然需要从动态变化中寻找立足点：从当时被寄予厚望的由交易型向营销型网点转变，到今天更强调提升客户体验。这重点体现在三个转变上：一是向"以客户为中心"转变，更好地响应客户需求；二是优化网点布局，实现服务渠道多元化；三是不断升级网点软硬件。

所谓更好地响应客户需求，前文就一些关键触点和典型环节的改进建议就是对"以客户为中心"这一理念的具体响应。比如，各网点结合自身实际情况，按照零售网点转型的要求进行岗位设置和调整；通过复杂交易和简单交易分离、高低柜分区、智能排队叫号系统分流等措施，提高工作效率和交易处理速度；建立与客户流量变化相适应的柜员配置和弹性排班制；大堂经理加强对客户的识别、引导、分流，并能够合理调动网点资源；对网点服务质量实施标准化、规范化管理，等等。

所谓服务渠道多元化，主要体现在网点的建设方向上。比如，结合网点位置与客户特点，现有的物理网点可以朝多个方向发展；或成为旗舰型网点，拥有较大的营业场所和充足的业务团队支持，提供全面的银行服务；或成为自助型网点，以智能化自助设备、虚拟技术等取代柜员，重点满足客户快速交易以及简单业务查询等需求；或成为社区银行，以贴近社区，拉近和经营与社区客户的长期关系。

所谓渠道升级，主要体现在网点软硬件的不断更新和优化上。一是营业环境的硬件改造更新，二是自助网点的进一步智能化。在硬件上，配备升级新的营业机具、安防设备、排队叫号机、电子回单箱、网银体验台、产品展示柜等，通过升级改造，让营业网点的环境面貌焕然一新，使服务更便捷高效，大幅增强价值创造能力。

在软件升级上，已有很多银行进行了成功尝试。20 世纪 90 年代，花旗银行就曾在澳大利亚改造过一个网点，利用视频通话技术取代网点柜员，呼叫中心的员工远距离为客户提供支持，2011 年花旗银行还推出了主打"智能、环保"的新型物理网点。荷兰银行也有类似的网点，整个网点内只有自助设备和视频会议设备，几乎所有服务均由客户自助办理。2012 年，广发银行推出"24 小时智能银行"，同年 7 月交通银行也推出了全国首台号称"无人银行、有人服务"的远程智能柜员机 ITM。这一方面是科技进步带来的改变，另一方面是智能化带给银行和客户的双赢体验。

2. 持续优化营业网点服务流程

优化服务流程在本书的第五章将有专门介绍，那么有关营业网点的服务流程优化主要是打造简洁、标准化的业务处理流程，从客户进入网点大门开始，每一个步骤都需要银行站在客户的角度重新思考，并且需要业务部门和 IT 部门的充分合作，把流程的优化落实到系统中来。

一是要优化大堂现场服务流程，制定合理、标准、有效的服务流程方案及预案，做好客户的引导分流、分层服务工作，提供指导咨询，及时灵活地处理客户投诉与抱怨。

二是优化支持大堂服务的 IT 支持平台方案，通过有效识别客户身份、分流业务办理形式、提供短信息通知服务、网上查询排队情况、网上预约业务办理等功能，以更快捷和个性化的服务提高客户体验。

三是优化柜面流程，比如简化银行申请表单、合同文本以及员工使用语言，使其简单易懂，改善客户在网点内外与银行的交流沟通；基于前后台分离和优化后的流程方案，科学配置网点前后台人员和劳动组合，最大限度地释放网点人力资源潜力，切实提升网点营销服务能力等。

3. 追求客户满意的最优化，而非最大化

追求客户满意的最优化而非最大化，是尼尔森对客户满意度的理解。由于提升满意度可能意味着成本的急剧增加，所以不可一味提倡客户满意最大化。

所谓最优化，主要体现在两方面：一是抓住对客户满意度影响力最大的关键点，加强投入；二是在顾客满意和服务成本之间寻找最佳平衡点，比如通过对不同等待时间客户的满意度分析，可以找到满意度急剧下降的时间点，而这个时间点就可能成为优化等候时间的控制点。

仍然以改善客户等候时间为例。在北京地区的调查研究显示，网点柜台业务办理时长的参考指标设定为 5 分钟左右较好。问题是，实现 5 分钟等待的管理目标是否合理。若实现此目标需要的成本并不高，而同时又可以大幅提升客户满意度，那么此目标是可行的；若 5 分钟目标在带来高客户满意的同时，还有急剧增加的服务成本，那么此目标并非最优。换言之，就"5 分钟等待"这一管理目标而言，主要有两个维度需要考虑：一是对提升客户满意度的帮助，二是为此付出的运营成本。最理想的目标设定应该是在大幅提升客户满意与有效控制成本之间寻找一个最佳平衡点。

4. "以客户为中心"提供个性化、智慧型的网点服务

西方企业界有一个著名论断：产品的领先不会超过三个月。这个论断具体到银行业就是"产品重要，但更重要的是产品的交付方式和客户的体验"。这种产品的交付方式和客户体验实际上就是服务。

要想真正改善营业网点的服务体验，根本上就是服务理念的彻底转变。越来越多的银行正在从以账务为中心，慢慢地转换到以客户为中心。落实到传统网点服务上，就是形成以客户价值为导向的服务模

式，为客户创造价值，将整个网点服务升级为智慧型服务。

具体来讲，一方面是将服务的重点定位于为客户解决问题，形成客户需求的综合解决方案，与客户展开长期的战略合作。另一方面，提升个性化服务的能力，除了对个人、小公司和消费金融客户提供标准化、模式化的服务外，还应提供更多的针对重点客户的个性化、专业化服务。

网点要想给客户提供针对性高的个性化服务，需要从根本上针对不同的客户群体，打造一个差异化的服务体系，根据客户的使用习惯来发展不同渠道、优化流程。目前发展功能型网点就是这一战略的重要体现。

功能型网点的主要特点是网点基于潜在客户特征、选址、设计，并专注于提供某一类或某几类特定产品与服务。功能型网点可以是永久性的，也可以是临时性的，完全取决于如何最大化销售机会。比如在大型写字楼的大堂，公司客户总部开设永久性功能型网点，重点提供员工人寿保险、健康保险与定制化服务；又比如在车展现场设置临时性功能型网点，为参观车展的潜在客户提供消费贷款服务等。

再比如，像北京这样的特大城市，分布在商业区、商务区和生活区的营业网点，客户服务需求特点各有其规律，需要制定针对性的服务管理策略；对于高端客户也需要进行更精准的细分，并针对其需求特点采取事件式营销和顾问式销售等更智慧的服务。

总的来说，银行应向更主动、更精准、投入产出效率更高的精益化服务迈进。同时，改善网点服务既需要先进的服务和管理意识，强大的信息技术支持，也需要充分发挥广大员工的集体智慧和主观能动性。

第三节　深度整合电子渠道，改善客户体验

如果将 20 世纪最后十年银行业"优化传统服务渠道、改善客户体验"的浪潮视为银行精益服务 1.0 的话，那么 21 世纪前十几年领先银行在"应用新技术再造新型服务渠道、引领客户体验"上的成功实践，就可以视为银行精益服务 2.0。

电子银行（本书主要指电话银行、网上银行和移动银行等）是目前银行业发展速度最快、上升空间最大的新兴服务平台，是金融创新与科技创新相结合的产物。

对各银行机构来说，如何有效利用先进的 IT 技术，改进产品研发，深度整合电子渠道，满足客户高层次、多元化需求，已成为当前银行业的迫切议题，同时也是各银行的突围机会。下面就网上银行、移动银行的客户体验改善，进行深入分析。

一、银行渠道的虚拟化与服务的专属化

银行渠道虚拟化浪潮将加速改变金融业的格局和成长方式。比如，在解决中小企业融资难方面，网络银行以其渠道网络化、流程网络化、管理网络化、服务网络化的特点，已创造出新的、巨大的信贷市场发展空间。

互联网和电话银行所提供的 7×24 小时远程服务带来了去中介化趋势，在分流了大量银行网点金融服务业务量的同时，再中介化趋势又掀起新的波澜，一些金融服务比较网站①开始成为新型中间人。

创建于 2006 年的 Mint 网站，是一家为用户免费提供多个账户支出监管服务的网站，其盈利方式为向金融机构介绍客户，并赚取中介费。

---

① 是指那些帮助客户在不同银行之间选择理财产品或其他服务的金融服务网站。

作为美国最大的个人在线记账理财网站，其资料库存有超过 350 家银行、信用联盟及信用卡发行机构的资讯，可为用户扫描消费记录而后建议省钱之道。例如，当扫描结果发现用户每个月支付利率高达 15% 的信用卡利息时，网站会建议其申请其他信用卡，而且让该名用户当下连接到发卡机构的网站填写申请表格。

只能监控账户不能交易是 Mint 网站的一大限制，个人金融网站的真正实力要等待银行和信用卡联盟将个人金融网站的工具整合进它们的网络银行平台之后才会真正体现。事实上，就在 2009 年初，花旗银行已将成立一年的 MyFi 个人金融网站整合进美国消费者银行业务中。MyFi 提供与 Mint 类似的服务，例如累加多个银行和经纪公司的账户余额，同时还允许用户进行交易。

目前中国最大的个人在线记账理财网站"财客在线"（www. caa-kee. com）成立于 2006 年 2 月 10 日，2014 年客户已达 200 万。这些网民的财务数据有很大的潜在商业价值，不过在线记账理财网站这种消费数据银行只有与商业银行的消费金融服务捆绑，才能产生更大的商业价值，因为若有了消费数据银行的数据支持，商业银行就可以提供数据整合基础上的、更加精准高效的个性化消费金融服务。

根据媒体报道，在此列举几个国内外渠道虚拟化的其他证据。

2010 年 8 月，人民银行"网银互联应用系统"开通，实现了国内 10 多家银行网银系统的互联互通。这意味着银行同业间客户和存款争夺将更加激烈。

2014 年 3 月，由腾讯、中信银行信用卡中心和众安在线财产保险股份有限公司联合推出的国内首张网络信用卡。这个网络信用卡的申请入口将与理财通、嘀嘀打车、精选商品和今日美食一起出现在微信"我的银行卡"界面中，被称为"微信信用卡"，可以在线申请。

与此同时，中信银行联合支付宝微信推出了虚拟信用卡。与银行传统发行信用卡的审核、发放模式不同，消费者在支付宝钱包内通过中信银行公众号在线即时申请、即时获准，并支持消费者摆脱实体卡的束缚。申请获准后，将所获得卡号在线开通支付宝快捷支付，即可进行网购、移动支付等各种消费。

在国外，2011年谷歌与花旗集团、万事达卡（MasterCard）和美国移动运营商Sprint公司，以及其他金融机构和移动运营商合作，推出谷歌钱包（Google Wallet）服务。随后，美国威瑞森电信（Verizon）、美国通信业巨头AT&T、英国移动通信服务商T–Mobile、摩根大通（J. P. Morgan）、美国第一资本金融银行（Capital One）和英国巴克莱银行（Barclays Bank）也结成联盟，共推移动支付系统Isis。

2012年，星巴克也开始部署移动支付系统，在其美国店面中使用移动支付公司Square的技术。此外，沃尔玛和折扣零售店Target等十几家大型零售商结成移动支付联盟，准备向谷歌等公司的移动支付服务发起挑战。eBay、PayPal和Intuit也结成了类似联盟，为智能手机用户提供移动支付解决方案。

事实上，支付方式只不过提供了平等的银行应用聚合平台，竞争的焦点在于各家银行所开发的各类专属服务是否有竞争力，WEB3.0的到来将使客户更加充分地享受银行专属服务的魅力。

银行渠道虚拟化对于客户服务专属化水平提出新的要求，美国银行正在加强对渠道虚拟化的未来银行模式创新实验，进一步改善服务专属化的客户体验。例如，"客户偏好及情绪识别系统"，促进了计算机与银行客户之间情感信息交流；"网络、电子合理性工具"，改善了电子银行服务的客户愉悦感；"智能响应操作"，改善了电子银行与公共空间的联网智能。这些带来了一个新问题——如何改进我们熟悉的传统金融顾问业务。

事实上，大部分客户都需要一个中立、可靠的"信息经纪人"。殷诚银行（Insinger de Beaufort）是一家专注于私人财富管理的荷兰银行，他们曾推出"鞋盒"（Shoe Box）服务。具体做法就是客户把收据、发票及其他与金融事务有关的物品放入"鞋盒"，每隔一个月，殷诚银行会对它作统一整理，并与客户的金融顾问和民事公证人一起来处理这些金融事务。这种有特色的投资顾问服务受到越来越多的高收入人群的青睐。

总之，银行渠道虚拟化和服务专属化将是未来银行业发展的一大特点，这也是电子银行崛起的大背景和发展方向。在探讨电子渠道客户体验的改善时，不能无视这一背景和趋势。

二、打造"好用"的网上银行

网上银行作为银行服务的电子渠道之一，是银行业在科技手段支持下，通过网络提供个人业务和公司业务两大块的金融服务，具体包括信息服务、客户交流服务和交易服务等内容。

网上银行作为信息时代的产物，近年来发展迅猛。2013 年，我国个人网上银行的用户普及率为 32.4%，移动银行用户为 11.8%；预计2014 年个人网银用户比例将达到 34% 左右，移动银行用户比例将达到15% 左右。在美国，2013 年网银开通率超过 90%，移动银行在 18~44岁年龄段中开通率接近 80%。

网上银行也已成为我国银行业传统金融柜台服务之外最主要的服务平台，在提升客户便利性和满意度、实现零售业务低成本扩张方面，有着不可替代的作用，不过相比于美国等地区还有很大的发展空间。

良好的客户体验是网上银行业务快速发展的基石。在网上银行快速发展的同时，银行机构也面临着诸多考验，因为目前网络用户对电子银行的"客户体验"整体评价并不理想，尤其和目前流行的第三方支付类软件的客户体验相比，差距较大。比如，由于各种渠道的身份识别、业务流程等差别较大，客户学习成本偏高，加上各种渠道之间缺乏整合，跨渠道办理业务非常困难。

再比如，繁多的登录密码、交易密码、动态口令码、账户号码、卡号等，时时考验着客户的记忆力和耐心，知难而退者不乏其人。业界曾盛传一个笑话：某银行科技部的总经理想使用自己行的网上银行，但装了半天也没能成功安装数字证书，后来他叫两个属下来安装，结果也安装不了……如此的客户体验怎能令客户满意？那么，如何才能在确保足够安全的前提下打造让客户"好用"的网上银行呢？

所谓"好用"的网上银行，主要涵盖客户对网上银行三方面的主要需求：一是功能，二是便捷，三是安全。

1. 尽量满足客户对网上银行的功能要求

网上银行的功能包括了传统柜台所能提供的功能（网上银行的产品和服务更多更方便）和传统柜台不能提供的新功能（如交易明细、资产报告、综合对账单等）。就个人业务而言，网上银行的功能包括了转账、汇款、代缴费用、按揭贷款、投资理财、证券买卖和外汇买卖等 20 项左右。

所谓功能强大，就是要求网上银行可以为客户提供全面、综合、一站式的金融服务，做到客户足不出户就能完成绝大多数的非现金类银行业务，比如针对企业网银开通尽可能丰富实用的对公客户资金管理平台，针对个人网银提供更加丰富便捷的网络缴费功能等，甚至在切实满足客户的多元需求之外，还能满足一些客户的特定需求。

以某银行的基金服务为例。在客户进入该行个人网上银行后，点击"基金"一栏，查看自己所购基金的状况时，他可能只能看到所购基金、份额、分红方式、上日基金净值、当前基金市值等基本信息。但是，若客户还想了解其他信息，比如购买基金的成本、当前的盈亏情况、在当前页面进行购买/定投/转换等操作、查询基金产品其他方面的详细信息等结果，客户发现根本就看不到这些信息。

也就是说，该网上银行并没有充分满足客户的需求。若要提升客户使用体验，就应该把客户最关心、最常用的信息放在更显要的位置上，按照客户对信息的关注度和需求度来编排这些信息，让基金买卖、账户查询和管理都变得更加方便。

2. 满足客户对网上银行的便捷性、安全性要求

所谓便捷性，就是要求网上银行尽可能降低客户的使用成本，用尽可能少的操作让客户完成既定目标，降低对客户金融知识、操作经验等的要求，尽可能让网上银行的操作步骤简单，操作指引清晰、易懂等。毫无疑问，便利性是提升客户体验的基本点。

以上述某行网上银行的"基金"服务为例。如果客户想继续申购、赎回已购买的基金，却发现他还需要退出当前页面，返回到基金主页面中，才能重新选择业务功能，这就给客户带来不便。此时若能让客户在同一界面完成经常使用的操作，就等于简化了操作步骤，提升了客户体验。

当然，在强调操作方便的同时，还要处理好它与安全的关系。网上银行的安全性是影响客户使用信心的一个重要因素，从银行管理的角度看，必须高度重视。

为了防御和控制风险，银行会采取多重安全保护手段，包括不断教育用户提高自身安全意识，安装杀毒软件、防木马软件，采用硬件USB Key、动态口令牌、短信动态密码等方式进行身份认证，设置网站防伪信息防止钓鱼网站，设置交易限额等。

不过大量的风险控制手段在提升客户安全感的同时，常常也会让客户使用起来感到不便，特别是证书下载、证书更新等操作往往比较麻烦；而且安全认证工具的通用性较差，各渠道各自为政，缺少跨渠道的安全认证工具。

针对安全与便捷的矛盾，银行可以深入研究客户体验需求和客户行为数据，对客户群体进行细分，对有不同风险承受能力的客户群体采用不同的安全策略。在安全产品的选择方面，可以考虑将更多的选

择权交给客户，让客户根据自身的风险偏好和对便捷性的要求，灵活申请不同级别的安全保护服务。

总之，要打造一个客户体验好的网上银行，就必须站在客户的角度换位思考，让客户的使用过程成为满足、超越、创造体验的过程，真正让客户会用、用好、最终爱网上银行。

三、做好移动银行①体验的三个关键点

互联网新应用吸引人群的魔力是什么呢？是客户体验！这一点在移动银行上尤甚。尼尔森认为，在将来的手机等移动设备上，全球范围内客户的需求主要集中在简洁方便、提供特定金融服务价值和客户化定制等方面。

1. 确保简洁方便

在中国客户通常希望供应商提供的移动应用中，最基本的"快速查询余额"排在前面，这个发现同全球其他地区的观察不谋而合。

客户希望通过手机或者其他电子设备能够简单、方便地操作一些此前需要通过网点或者网上银行才能实现的功能。而且，客户还希望通过移动应用能够进一步简化操作。这正是移动银行的特别之处。

银行需要关注开发一个全功能的移动平台可能给客户体验带来的负面影响，譬如过于全面和复杂的功能可能会增加安全控制的复杂度，影响客户体验。另外，可以考虑开发一些针对单一功能的极简应用（如一键查询账户），在改善客户体验的同时也降低安全风险，并且较低的开发成本可以帮助测试当前市场下客户体验对移动应用带来的影响。

---

① 本书之所以使用移动银行而非手机银行，是因为目前的移动客户端已经不局限于手机，还包括平板电脑、迷你平板电脑、大屏幕手机、普通智能手机等，所以使用移动银行的概念更为贴切。

同样的思路其实也适用于网上银行：太复杂的功能是否影响了客户的体验？银行需要通过科学的数据分析，考虑如何优化网上银行的菜单和功能结构。事实也确实如此。国内的第三方支付以及各类具有金融功能的 APP 软件发展迅速，有越来越多可以替代传统网上银行或手机银行的趋势，并且在客户体验方面超过了传统电子银行的整体水平。

2. 提供特定金融服务价值

就像移动支付的落脚点在支付一样，移动银行的灵魂在于金融，移动只是渠道载体，充分发掘移动渠道的技术特点，提供特定金融服务价值才是移动银行客户体验的关键。

因为地域、人口、经济和文化的诸多原因，亚太某些地区如中国香港、日本、韩国、新加坡以及澳大利亚等在某些移动支付的应用方面已经走在了全球前列，比如数字钱包，就是移动支付的典型应用。

Hana 银行①在 2013 年推出了 Hana Money 移动钱包应用，除了支持移动支付功能外，还提供自动记账功能、支付理财功能，支持某些电子货币（点数卡）、ATM 取款以及电商整合功能。

数字钱包是一个融合了金融、支付、零售商、电信、移动设备等各产业的解决方案，是关联了支付卡、会员卡、优惠券和其他在电子设备存放的敏感数据安全凭证的电子钱包。这些安全信息被用于在购买商品或服务时认证用户和初始化认证流程。中国银行业需要在这波浪潮中博得先机，参与到数字钱包的建设中去。

移动银行在全球现金在线管理平台中已有令人炫目的应用，例如摩根大通银行的 JP Morgan ACCESS Mobile，其功能包括：移动支付管

---

① 即韩亚银行，韩亚银行是韩国第二大金融集团——韩亚金融集团的全资子公司，总部设在首尔。2007 年 12 月开始在中国设立本地法人银行——韩亚银行（中国）有限公司，目前韩亚银行在华有大量分支机构。

理，在线支付审批和发布，资金交易；允许通过不同币种查看 JP Morgan 及其第三方银行的全部现金管理账户以及交易；"快速决定"功能支持预设置交易和目标余额；高安全级别，安全会话、加密和身份验证的控制；多语言支持；等等。

移动支付在某些新兴市场还建立了新的付款方式，例如通过优惠点数进行支付。金融机构应开始思考如何在这些新的货币形式下进行交易，包括允许非法定货币进行核算、定价、继承、征税的可能。这些一旦在监管下成为一种合法的贸易模式，将会成为未来银行新的收入流。为了迎接虚拟货币和电子货币的大趋势，IT 需要在某个将来重新开发应用程序，以适应这些新资金，充分利用未来货币的业务价值。

3. 满足大众化客户定制需求

互联网的"长尾效应"使得客户被无限细分，直至个性化极度彰显，使得大众化客户定制服务成为可能。手机作为独特的渠道，应该以创新的方式与客户沟通交流，并提供个性化服务。

实现大众化客户定制服务首先需要能够准确把握住众多客户的个体需求。一个比较常见的例子是，你可能经常接到一些保险或房地产营销电话或短信，如果你收到这个短信并不是你需要的，你会非常失望。而你在上次用信用卡支付剪发费用后，若有银行分析到你的行为，推荐给你一些理发店，下次若使用这家银行的信用卡就有剪发的消费付款折扣，这必然给你带来满意的体验。

如果这家银行在给你发送短信或微信营销此服务的同时，你能从这封短信或微信界面上点击进入其移动银行页面，选择性定制借记卡和信用卡的借贷合一功能及借记卡余额不足条件下的透支金额参数，并顺便定制一个你所使用的若干家银行信用卡还款综合日志服务，这必将给你带来惊喜的体验，银行接下来针对你这个目标客户特定需求的交叉销售和提升销售就变得顺理成章了。

　　大众化客户定制服务的表现形式之一就是客户直接进行个性化定制。例如，韩国 Kookmin Bank①2012 年推出一个基于互联网渠道的客户个性化定制产品——"自主设计型存款"（Free style designed deposit）：客户资质要求必须是韩国人；期限可以选择，最少 1 个月；金额可以选择；利息支付方式可以选择。

　　在这个"自主设计型存款"中，基于客户的所有选择，客户定制产品被可视化地展示出来，而且特定利率也被计算出来。客户通过个人网上银行或移动银行定制该产品时，网银和移动银行系统界面的客户体验风格和操作步骤是完全一致的，只不过不同于个人网上银行系统界面的横向展示，移动银行的个性化定制屏幕是纵向展示。

　　目前已有四家韩国银行有基于移动设备的个性化定制产品服务，但这四家银行的网站上均说明，针对更加复杂的客户化定制产品，需要客户前往网点进行面对面沟通。

　　大众化客户定制的表现形式还包括客户参与银行移动金融创新。例如，法国东方汇理银行（Banque Indosuez）以客户需求为中心的移动开放式应用商店 CA store。由于该银行管理着一个联合金融集团，经常出现技术方面的优先项冲突问题，还需要支持越来越多样化的客户需求。在这种背景下，银行科技部门提出一种开放式开发方法，是因为银行需要一个多样化的移动应用战略，而不仅仅是一个单一的大而全的移动银行应用。

　　那么，具体实施一个多样化移动应用战略时，银行究竟需要提供给客户哪种应用（也就是应用类型），就特别值得关注。

　　在东方汇理银行的这个案例里，银行提供了以下服务类别：预算、储蓄、中小企业、旅行、青年教育、新闻、银行功能。短时间内，通

---

　　① 即韩国国民银行，是韩国最大的商业银行，在韩国国内占有较高的市场分额，同时还拥有多家营业性海外分支机构。

过第三方的力量，最终上线了总计近 30 多个移动应用。由于银行能提供的移动应用品种繁多，而且各个应用都可以由用户进行独立评估，因此可以为需要新应用的客户提供很多选择，在应用是否有价值方面也有很高的透明度。

CA store 还允许有超前设计理念的开发人员把他们的想法发布到网站上并获取潜在用户的反馈，以确保所推出的应用符合客户的需求。虽然 CA store 还处于初期阶段，但从方法和战略方面看，这种方式是成功的，因为其在创新性和潜在影响上都是非常有前途的。

目前有一种现象，金融服务市场参与者在线下和 PC 端互联网的产品服务同质化问题，也同样被复制到移动互联渠道上了，新产品很容易被复制和拷贝。这有点类似于房地产行业。各家房地产公司造房子用的都是同一家设计师、同一家建筑施工单位负责人、同一家装修公司、同一家园林布景公司，造出来的小区和房子大同小异。真正产生差异化的，是物业服务。

四、实现电子渠道间的深度整合和统一管理

在以渠道为王的工商业界，国内商业银行的渠道之多令人艳羡。物理网点、网上银行、电话银行、移动银行等应有尽有，而且还在不断扩展之中。但国内银行渠道所存在的种种问题不仅影响到了客户体验，还使银行渠道间的协作变得十分困难，经营成本高居不下，风险难以集中控制。所以电子渠道需要聚焦于顾客的需求，进行深度整合。

随着金融信息化的不断发展，电子银行服务渠道的不断丰富、产品功能的不断完善，电子银行突破时空限制的服务优势和安全便捷的交易方式，大量银行柜面业务可以通过电子渠道来完成，电子银行交易替代率被看做是衡量各家银行电子银行业务普及程度的重要指标之一。

根据中国电子银行网整理的数据，2013 年银行上半年业绩报告显

示，八家银行（浦发银行、中国银行、农业银行、工商银行、招商银行、民生银行、兴业银行、交通银行）的电子银行交易替代率普遍超过70%。其中民生银行、招商银行的电子银行替代率更是突破90%，达到94.43%和91.85%。

基于客户行为的转变，很多银行开始专门成立电子银行部，实现网上银行、移动银行、电话银行（客服中心）、ATM自助设备、短信平台、电子支付等电子渠道的统一管理和整合。

一方面，银行通过建立统一的用户接口，实现对远程网点、自助终端、网上银行、电话银行等多个端点（客户接触点）的系统集成，在此基础上实现对业务功能、内容和技术处理的集成。

另一方面，通过信息资源在渠道之间实现共享，在各渠道的界面实现统一的信息视图，提供给客户跨渠道的无缝服务和一致体验。

由于渠道整合是一项系统工程，包括资源、组织、流程、系统等方面的整合，涉及业务、科技、人事等多个部门，而且可能要耗时多年，这对很多银行来说都是极大的考验。电子银行的深度协同和整合背后，是为客户提供更为易用、便捷的金融服务。

比如，提高电话银行服务效率。客户在拨打银行客服中心电话时，常常会发现其服务菜单较为复杂，难以确定自己需要哪项服务，因此迫切需要快速和人工坐席联系，然而在银行客服电话服务菜单里，人工服务的选项往往隐藏得较深，客户很难在第一时间找到。这就需要改变菜单顺序，将人工服务放在菜单的首选位置，客户拨通客服电话之后听到的第一个选择就会是人工服务。

此外，可以基于历史呼叫数据和客户体验研究，优化自助语音服务菜单，缩短常见功能的菜单选择路径；引进语音感情识别技术，使系统能够自动识别不高兴的客户并转接至沟通能力和技巧更高的员工处，以便顺利解决可能面临的沟通难题；强化跨渠道交互，呼叫中心客服代表随时随地实时识别客户问题和主动引导客户到任何相关渠道。

比如，让移动银行成为真正强大的服务整合端。移动银行被称为"第五渠道"，应该在便捷性上更进一步。客户可以通过手机客户端，随时随地办理账户查询、转账汇款、信用卡账单查询、信用卡还款、账单分期、充值缴费、机票预订、基金投资等多项业务；通过短信自助查询账户信息，实现更加快速便捷。

比如，让自助设备更加智能。在富国银行智能 ATM，客户可根据需要进行个人页面设置。在智能化上，中国银行业也在积极尝试。2013 年，多家银行纷纷发力 24 小时智能银行业务，其中某商业银行就推出了 VTM 远程银行服务。VTM 即远程视频银行柜员机，通过它，客户既能用远程视频实现与银行工作人员的交流，又能自助办理个人业务。换言之，VTM 机将银行传统服务模式转变成为"全功能、全天候、面对面、类柜面"的微型智能网点，实现未来网点的"无人银行，有人服务"。

再比如，大多银行都专门成立有自助设备监控团队，对全行所有自助设备运营情况进行监测。若发现有吞卡情况发生，银行会第一时间主动与客户联系，告知客户如何取回卡片，甚至还通过 ATM 设备先出卡后出钞的程序设置，避免客户遗忘银行卡。这一服务措施将大大提升客户的使用体验和满意度。

总之，好的客户体验可以由一系列舒适、欣赏、赞叹、回味等感觉组成，它带给客户以获得使用价值的满足感，能在客户的心理层面放大产品和服务的价值。

电子银行作为银行机构依托于数字技术的新兴综合服务渠道，涉及银行的产品、服务、技术、品牌等方方面面，银行需要借助现有的产品、技术、员工等资源，为实现客户在电子渠道上的一致的良好体验提供保障。

第四节　神秘顾客检查

中国大陆银行业的神秘顾客检查最早由尼尔森于 2005 年从中国香港引入，短短的十年时间几乎已经发展成为银行渠道服务质量管理的标配工具。神秘顾客检查可作为客户关系研究、接触点体验研究等项目的辅助调查，也可独立开展。

一、银行渠道管理的标配工具

所谓神秘顾客，也被称为秘密购物者、稽查人员。对于调研公司而言，神秘顾客在本质上是服务评估者。这些神秘顾客通常是市场研究（调查）咨询公司或神秘购物公司的签约人员，所以也被称为客户服务研究员或市场调研员、评估员。

所谓神秘顾客检查，是指服务机构聘请独立调查人或者专业的第三方调查机构由经过严格培训的调查员，在规定的时间里"扮演"成顾客，对事先设计好的包括硬件、软件和人员等方面的一系列问题，对企业服务质量逐一进行评估或评定的一种调查活动。神秘顾客检查所关注的是在获取服务的过程中，工作人员是否按照服务规范操作。

神秘顾客检查通常会综合使用观察法（如记录自助设备数量、排队等待人数和平均等待时间、员工职业形象等）、询问法（如大堂经理的引导和分流、客户经理的专业知识等）、业务体验法（如办理开户业务感受高柜柜员的岗位技能和执业态度等）等调研手段，以获得网点服务规范落实程度的全面评价。通过服务规范的落实检查，企业将调查数据作为通报或考核的依据，传递服务压力，督促员工落实服务标准，规范员工行为，培养员工良好的服务习惯。

　　银行业的神秘顾客检查主要是银行委托第三方独立调查公司招募真实的银行客户，以匿名身份光顾营业网点接受交互式服务（接触点员工不知情），将整个服务过程中对各个接触点的体验感受记录下来，全程录音录像作为证据，对检查情况尽量做出客观、公正的阐述和评价。

　　要想实现神秘顾客检查的目标，就必须有针对性地进行项目设计和实施。神秘顾客检查的流程包括确定调查内容、招募和培训调查员、展开调查、过程监督、收集问卷、检验审核、问卷汇总、分析并撰写报告等环节。

　　作为一种针对服务质量的监督管理活动，神秘顾客检查对银行业的服务质量管控主要发挥三方面作用。

　　一是服务评估。帮助银行发现服务传递过程中的各项规范的落实状况，系统性地找出各方面所存在的问题，使管理层得以获取最接近事实的信息。

　　二是服务校验。通过比较规范化的标准流程、网点的执行状况和实际的顾客感受三者之间的差异，为服务的校验和改进提供参考。

　　三是服务督促。持续的神秘顾客检查通过公正的监控和员工表现评价，对督促服务人员端正服务态度、落实服务标准以及加强员工诚信度和激励正面行为等作用显著。

二、尼尔森的神秘顾客检查流程

　　神秘顾客检查是尼尔森精益服务支持模型中的关键环节，其主要任务是关注一线员工对标准及规范的执行情况，同时结合客户体验研究成果对服务标准进行不断的优化和调整。在神秘顾客检查方面，尼尔森拥有丰富的经验和成熟的操作理念。下面简单介绍一下尼尔森的神秘顾客检查操作流程和要点。

1. 项目实施流程的设计

神秘客户检查项目的开展包括三个核心环节：谁来检查、如何检查和如何应用。

（1）谁来检查。该环节的核心要求是"严格的神秘顾客选择与培训"。其要点包括：根据真实客户背景挑选神秘顾客（真实银行客户），严格的基础培训与项目培训，100%试访合格后才能上岗。

尼尔森为神秘顾客的选择和培训制定了详细的流程和规范（见图4-1）。

图4-1 尼尔森银行网点服务质量检查项目实施流程

以招募和甄别为例。尼尔森要求招募的神秘顾客背景接近银行真实顾客（有具体详细的顾客标准）；神秘顾客候选人的具体背景信息将由项目督导进行审核，候选顾客会经过项目督导一对一的面试。

（2）如何检查。该环节的核心要求是"制定周密的研究执行方案"。其要点包括：为每个项目提供最佳的研究方案；为每个顾客设计合理标准的访问流程；根据客户需求进行有针对性的流程设计；预先为复杂的评估和监测设计适合的场景。

确保顾客检查过程中身份的隐秘性是确保项目客观性的关键。因此，神秘顾客执行访问时所使用的背景信息也会进行事先设计，并尽量接近调查银行的真实顾客特征。

顾客的访问流程也会提前设计（见图4-2），并为不同的顾客设置有针对性的场景。神秘顾客考察内容包括网点环境、大堂经理、自助设备、高柜/低柜、客户经理五大方面。

170

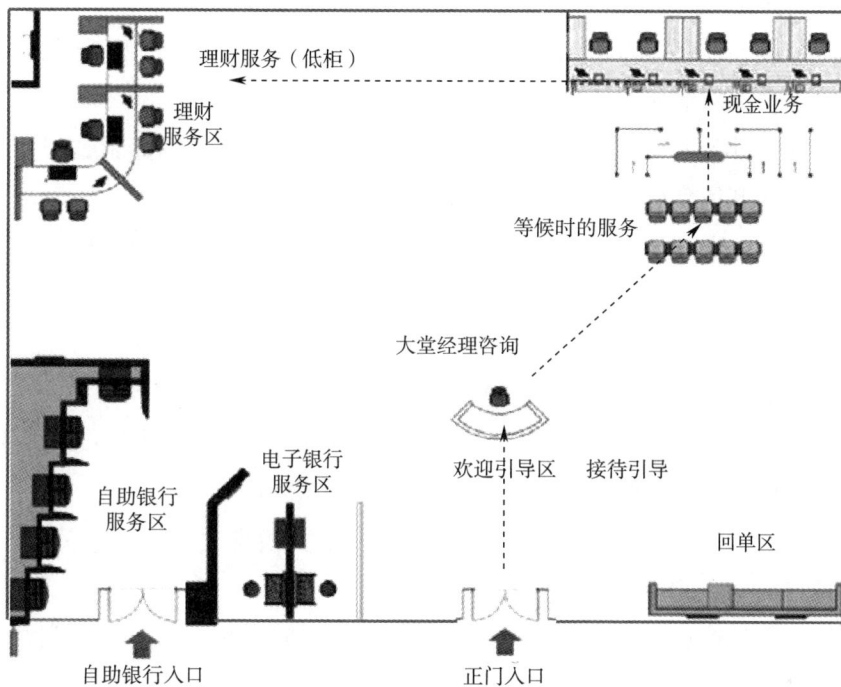

图 4 - 2　暗访流程（以普通营业厅监测为例）

（3）如何应用。该环节的核心要求是"及时提供定制化的研究报告"，其要点是：报告提交的及时性、内容的实用性、对服务提升的指导性。

为加强神秘顾客检查报告的适用性，报告通常会包括：整体得分及网点排名，各环节表现分析，环节之间的关联分析，具体到网点的详细报告及失分原因等，以实现对每个网点的指导和建议作用等。

2. 神秘顾客研究过程中的质量控制要点

严密的质量控制应当贯穿神秘顾客检查项目的每个环节。

（1）在项目准备阶段，工作重点包括：

一是不被辨认。为了防止神秘顾客被辨认出来，尼尔森通常严格控制神秘人出入网点的数量和频次，并采用不同神秘人使用不同的背景，结合不同的接触方法，咨询不同业务的方法。

二是设备调试。录音录像设备在分发至顾客前需检查调试设置，确保清晰度达到标准，且每个顾客均需熟练使用相关设备。

三是地图制作。每城市制作顾客专用地图，该城市所有支行网点均标记在地图上，以确保神秘顾客进入正确的网点。使用该地图使尼尔森在以往的检查中做到了评估地点零出错率。

（2）在实地运作阶段，工作重点包括：

一是即时填写问卷。神秘顾客完成访问后立即离开网点，且必须在 30 分钟内填写问卷，以保证重要信息不被遗漏。

二是100%录音/录像。在没有录像或录音的情况下，即使神秘顾客完成访问，此访问也将被视为无效。

三是其他凭证及资料。神秘顾客必须取回叫号单，客户经理名片，相关交易凭证以便后期检查核对。

四是记录所接触的员工信息。神秘顾客需要记录其拜访网点的具体时间以及所接触的高柜柜号/柜员号，低柜姓名等信息，便于网点后期整改有的放矢。

五是及时分享案例。若有访客被投诉，如发现原因在其操作不当，将视情形暂停该访客的工作或直接淘汰该访客，并且立即和所有访客分享案例，确保类似行为不再发生。

（3）项目/数据管理与监控，工作要点包括：

一是定期汇报执行结果。项目执行期间每周 1～2 次汇报完成进度，并及时对各网点的执行质量进行评估。对于执行过程中遇到的特殊情况每天反馈，如网点装修、网点搬迁等。

二是督导复查与动态淘汰机制。督导将对录音进行 100% 复核，以检验访客访问流程规范性。若发现有不吻合的内容将由督导负责予以复核。通过录音、录像、问卷等复核后，一旦发现由于访客主观因素造成的不合格的问卷或错误的评估结果，则停止任用该访客，并向所有访客通报原因。不合格的访问将会安排新的访客另行检查，被停止任用的访客进入黑名单。

三是录入编程。Online 录入系统通过编写程序进行逻辑控制，可以明显降低错误率，完全避免逻辑错误的产生。

四是数据处理。一方面要纠错，通过程序对数据进行系统纠错；另一方面试出数，即执行期较长的项目，在访问执行完成三分之一后，抽取部分已完成的访问进行试出数。此举可以确保数据计算方法与客户达成一致，并确保计算方法正确。

五是自动化技术。对于数量较大的网点报告或分行报告，由尼尔森报告自动化部门，专门开发报告程序，保证格式统一，数据准确。

（4）保障数据安全，主要是就客户资料、调查数据等做好保密工作，具体会通过与客户签订保密协议、及时的信息销毁等措施保障数据安全。

3. 尼尔森的研究经验

尼尔森通过大量神秘顾客检查发现，四个因素对项目最终质量有着关键影响：一是服务标准解读的一致性（设计阶段），二是神秘顾客的专业化和标准化（招募培训阶段），三是项目执行的精准度（执行阶段），四是申诉处理（执行后期）。

（1）服务标准解读的一致性问题

就服务标准解读的一致性问题，通常体现在以下几个方面：如何进行暗访设计；题目设计的依据；打分题的判断标准，清晰度；对上述问题，需要在项目前与银行进行有效沟通。

尼尔森通过内部数据库比对，对不同类型银行的服务标准和检查尺度进行比较分析，博采众长并内化为尼尔森对银行业神秘顾客研究的深入理解。在暗访标准优化方面，尼尔森将通常参考借鉴以下三方面内容：一是银行业的千佳和百佳评选标准；二是尼尔森在银行业触点体验研究和网点服务监测经验；三是客户现有的服务规范。

还有一点非常重要，那就是确保统一的执行标准。在尼尔森主持的神秘顾客检查项目中，神秘顾客仅客观真实记录看到和听到的情况，对打分尺度的判断和把握完全由尼尔森和该行共同定义。访问员不得根据自己的理解进行判断。

（2）神秘顾客的专业化和标准化问题

每个神秘顾客都必须经过严格的基础培训才具备被项目选择的条件。从培训类型上看，包括基础培训和项目培训。

针对神秘顾客的基础培训的内容包括服务质量知识、相关业务知识、行为、心理常识和调查技巧等。

项目培训属于系统的流程培训，以保证神秘顾客标准理解一致。培训方式包括下发培训材料、督导分批培训、参与访客培训、监督培训录音、督导陪同试访等。

（3）项目执行的精准度问题

项目执行的精准度主要取决于访问对象、执行标准使用、文字记录、访问流程执行等正确与否，以及证据收集是否全面和是否能提供高品质照片视频等证据。

为确保以上各个环节的精确度，从神秘顾客的筛选与培训、项目准备与执行到项目/数据管理与监控，每个项目环节都需要严密的质量控制。

此外，不断的技术升级正在全面提升神秘顾客检查质量。尼尔森目前已经开发出了 eazQ 问卷、数据处理、编码成套软件系统，以及 Online 编程录入技术、神秘顾客互联网数据展示与沟通平台技术、报告自动化技术和手持录入与实时分析系统等。

（4）申诉处理

申诉是神秘顾客检查项目中一个较为特殊的环节，既是各分行、网点对数据进行确认的过程，也是服务人员对检查情景进行说明的过程，该过程如果管理控制得当将会成为收集各分行意见、信息、问题的一个平台，有助于后期对检查结果的解释和分析。

首先，针对神秘顾客检查中出现的申诉问题，执行方需要保留完整有效证据，扣分项目有完整的原因记录，同时建立信息共享平台，避免错误性申诉，与委托方共同协商解决纠纷性申诉。

其次，执行方需要建立一套完善的申诉处理流程和机制。针对申诉问题主要包括六步：

第一步，为确保各分行对检查的配合和理解，检查前需要在全行范围内统一标准，避免对标准有不同的理解，或某些分行无标准的情况。

第二步，检查数据网上呈现，并提前 3 天通过邮件、短信等方式通知各分行、网点申诉的时间、方法及注意事项。

第三步，各网点在规定的申诉期间对有疑义的数据进行复核，并提出申诉说明。

第四步，尼尔森将安排专人对申诉进行逐条回复。

第五步，个别分行特殊问题处理。

第六步，最终确认数据结果。

三、尼尔森全新"E 版神秘人"数据采集与管理模式

"E 版神秘人"是尼尔森引入神秘顾客检查项目的全新数据采集与管理模式，主要应用于离行自助渠道检查中。以下四方面是其最显著的创新点：

一是问卷设计。全方位题型支持，包括是非题，选择题，跳题，开放题；内建逻辑查错；累积及建立标准化题库。

二是手机应用。安卓、苹果 iOS 系统兼容；智能手机收集数据，支持"线下"模式；透过手机 GPS 模块实现访客定位并采集时间；支持采集照片、录音。

三是执行管理。实时监测访客进店，数据上传动态；确切按照项目地点时间配额执行；及时填写问卷以确保清晰记忆。

四是报告模式。快速的周转时间；报告自动化生成；支持线上实时报告；根据客户终端安排权限。

这些特点也决定了该数据采集与管理模式的独有优势：

一是执行更可控。不管是访问员信息表核对，还是执行一些特殊要求，还是总部人员检查，都可以快速准确完成。

二是复核更为系统。不管是访问员自查、主管复查、现场复查，还是总部复查，都可以在一个简洁、便捷的流程之下完成。

三是操作更为便捷。不管是录音还是拍照，系统都有很好的支持。

四是数据更为准确。因为每个访客都有一个唯一的认证编号，自动生成的进店时间和数据上传时间，有访客手机号码，以及 GPS 定位自动生成的地址附近标志和客户店铺地址，这些都保证了数据的准确性。

四、科学对待神秘顾客检查

近几年，银行业接连爆发影响极大的负面新闻事件，如 2012 年的"喝水事件"和"避雨事件"。

一个是浙江省湖州市长兴县的一位环卫工人去当地一家银行讨水喝，被银行职员拉出门外。该事件一经曝光，立即引发了网络、报纸、电视等各大媒体的转载及分析评论，社会舆论几乎一边倒地斥责银行不近人情。

另一个是一网友在论坛上发帖称：7 月初的一天，她和母亲逛街，突降暴雨，到一家银行营业厅避雨，坐下来"刚聊了几句"，就有一位保安过来说"请你们出去"！随后记者对爆料人进行了采访和报道，同样各大媒体纷纷转载，银行服务再次成为众矢之的。

类似事件的接连爆发，引发了业内人士的反思，人们不禁要问：银行服务缘何屡成众矢之的？其实银行的很多投诉都涉及同一个关键词——规定，比如保安不让避雨就源于执行"鉴别不办理业务的民众，并制止其在营业厅内逗留时间超过 5 分钟"这一规定。

虽然银行旨在通过"规定"稳定和提高服务质量的规范化服务，但大量事实显示，规定让工作人员的工作职责和流程有章可循、有标准可依的同时，很多一线工作人员极有可能将注意力从服务客户转移到执行标准上来。

企业不能让工作人员因为对服务规范和标准心生畏惧而一味遵从。如果银行机构不能正确对待神秘顾客检查，就极容易让员工偏离服务质量规范化的初衷。所以银行业在开展神秘顾客检查时，应坚持科学的态度。

正是基于以上事实，已有银行在使用神秘顾客检查结果时就明确提醒各级管理人员应注意哪些问题。这些注意事项也是正确对待神秘顾客检查的原则。

第一，坚持"适度压力"原则。借助神秘顾客检查仅是营业网点服务质量管理长效机制的一个环节，旨在将已知的服务标准与不可预知的调查时间相结合，实现神秘顾客检查的外在压力与员工改进服务的内在约束的有机统一。

第二，坚持"以查促改"的原则。神秘顾客检查的主要目的是为整改提供事实和数据支持。对于调查中出现的失分，各行应首先从服务流程、管理以及网点人员配备等方面查找原因，制定改进措施。

第三，坚持"适度有序"原则。各行要充分发挥神秘顾客检查的特点，合理适度安排检查的频率和覆盖率，为前台部门改进服务质量管理的主动作为留出空间，以利于前台服务部门据之持续加强服务质量管理改进。

第四，避免片面的"以罚代管"。对由于个人行为造成失分的，要区分具体情况，以加强教育和引导为主，要从打造精益服务文化的高度，推动员工养成良好的职业习惯，真正树立专业精神。

总之，在精益服务理念指引下的银行服务质量规范，必须始终围绕"以客户为中心"的服务理念，唯有如此，才能避开服务质量管理陷阱，避免出现用规范服务驱赶潜在客户的闹剧，实现银行服务水平的飞跃，让银行服务真正从一般服务走向主动服务和满意服务。

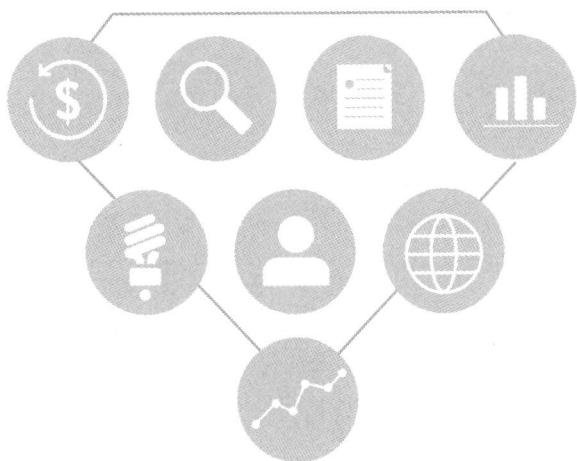

第五章

银行精益服务与流程优化

先看一个有关"流程"的小故事。

有一家企业，在最初创业的日子里，公章一直由老板亲自使用和管理。若干年过去了，这家小企业经历了风风雨雨，成长为一家年收入数十亿元的中型企业。此时，公章管理成了问题。

老板觉得已经无法承受亲自管理公章的烦琐，又苦恼于想不出两全其美的办法。有一天，他召集来了所有需要使用公章的部门负责人，在集思广益之后，形成一个方案：为锁公章的保险箱配备两把锁，一把锁的钥匙配成若干份，交给每个需要用到公章的部门负责人；另一把锁的钥匙由直属于老板的助理保管。每次部门负责人要用到公章的时候，只要向老板的助理申请，助理获得老板的许可后，两人即可共同使用钥匙打开保险箱取得公章。而且，负责人和助理谁也没有办法单独去挪用公章。

通过这个小故事就发现，"流程"简单来看是企业处理特定业务的步骤，涵盖着资源、过程、过程中的相互作用（即流程的结构）、结果、对象和价值等流程要素，而核心则是解决怎么做的问题，即如何更好地实现决策目标。

深层来看，"流程"还涵盖着与企业运营相关的各种要素，包括企业架构、战略目标、资源分配、业务运作、管理制度等。正因为如此，流程管理在企业日常经营管理中的重要性日益凸显。

流程管理的主要任务是开展企业流程的设计、执行、衡量和优化等。它通过持续改进的闭环管理工作，提升企业的运营效率，其主要任务表现在两方面：一是确保业务流程的完整合理和正确执行；二是确保业务流程朝着正确的方向变化，实现企业"成长"。

美国著名管理学家爱德华·戴明就曾指出，一个企业85%的质量问题和浪费现象往往是由流程体系的不当造成的，而只有15%来自岗位因素。至其晚年，他又将该比例调整为96%和4%，以强调流程管理对于企业完善质量控制、提高效率、降低成本的必要性。

在银行业，流程管理的核心任务是通过持续的流程优化或再造，确保服务价值的高效创造、传递和实现，即通过精确定义价值、识别价值流，将不增值的业务、环节及流程去掉，使保留下来的、创造价值的各个步骤持续不断地流动起来，从源头拉动价值流，并通过持续不断的改善追求尽善尽美。

自 2005 年银监会提出"流程银行"概念以来，国内银行业机构纷纷实施流程银行战略，这正是对银行流程管理的高度重视和积极实践。流程银行在成本、效率、质量、风险等方面的优势正在显现。

流程银行本质上是一条具有结构化、流程化、集成化和自动化这"四化"特征的高效"金融生产线"，而且所有的组织结构和业务流程都围绕着客户价值链展开，其灵魂是以客户为中心动态组织资源，以最佳的投入产出效率不断适应各类细分客户的差异化需求，注重外部差异化和内部简约化，实现客户和银行的双赢。

与流程银行战略不谋而合的是，精益服务的出发点也是价值，即视所有业务过程中消耗资源而不增值的活动为浪费，通过消除生产过程中的无价值步骤，优化那些真正创造价值的活动，从而实现企业目标。

所以，从银行的战略需求出发，在流程银行战略之下，全面实施服务流程优化，也可以看做是银行业对精益服务理念的深度践行。

第一节　银行流程优化与信息化建设

服务作为人、过程与技术的集成，技术是基础。低本高效的服务离不开先进适用的信息支持系统。所以，信息化建设在银行流程优化中起着至关重要的作用。而要打造一流的银行信息系统，连需要根据未来银行发展趋势来确定信息系统的建设目标。一方面要充分扩展发挥银行现有信息系统中符合目标方向的能力优势；另一方面又要围绕目标尽快弥补能力不足，尽快建立起支持"以客户为中心"灵活应变的、全面的和可扩展的信息系统，为赢得市场竞争优势奠定基础。

一、数字化时代银行信息系统建设的现实需求

伴随着经济发展方式转变、信息技术升级、利率市场化、人民币国际化和风险监管制度深化，未来 10 ~ 15 年中国银行业的发展趋势是要求业务与 IT 更紧密地融合，着重培育属于自己的核心竞争要素。

银行信息系统的进化必须支持未来银行在客户分析、产品创新、流程集成、渠道整合等方面的发展需求。那么这些需求具体是什么呢？

1. 具备基于企业级客户视图和智能分析洞察的事件驱动管理能力

未来 10 ~ 15 年，中国最重要的金融服务细分客户群体预计包括零售业务领域的高净值客户、老龄消费客户、80/90 后客户、农村新型城镇居民、批发业务领域的知识和技术密集型企业、小微企业以及各类新兴社会组织、中介机构和经济组织等。

未来一流银行需要在企业级客户信息工厂系统（Enterprise Customer Information Facility，ECIF）和客户关系管理系统（Customer Relationship Management，CRM）支持下，提供强大的个人和公司客户细分以及智能化营销支持和客户关系维护作用，以利于合理确定新产品和新服务的价格、判断客户首选渠道、部署适用的营销方式等。

同时，未来一流银行应部署与企业级客户信息工厂（ECIF）系统相连接的集成风险监测系统，联通大量风险孤岛，全面、实时监测风险隐患；通过安装风险预警规则引擎和物联网传感器，及时预控因内部流程、人员或系统出错而带来的潜在风险，有效拦截风险事件，确保银行稳健经营。

西班牙国际银行（SANTANDER，又名桑坦德银行）推行的"达·芬奇商业模式"就设立了"市场分析、认识客户、服务个性化和沟通、

多渠道商务实施、跟踪"五个具体环节，这五个环节相互联系和支持，始终确保提升银行对客户服务的质量和效率。而支持"达·芬奇商业模式"的是一个"可提供超越对手优势的优秀 IT 平台"——数据挖掘和客户业务分析系统（客户关系管理系统的支持系统）。

这个数据挖掘和客户业务分析系统的数据挖掘模型，能提供对所有客户进行全面判断的分析数据集。数据集信息量庞大，每个客户有关的信息包括 326 个表格和 7000 多个变量（包括社会人口状况、客户合同每日节余、客户 24 个月的合同和股票记录、每日交易操作和 24 个月的交易记录、电话银行和网络银行的销售信息、客户对营销合同的反应、合同的价格及相关的利润率、佣金信息等），数据集信息每天更新 50% 左右，除了交易记录实时更新以外，客户经理每天要将完成任务过程中收集到的客户基础信息向系统反馈，持续丰富数据库并修正模型，形成客户信息搜集应用的良性循环。

数据挖掘模型可以提供交叉销售、提升销售、定价、风险管理、防止客户流失、销售盈利性等方面的业务支持。以交叉销售为例。根据建模结果，该系统每周可产生一个矩阵报告，分析"客户—产品—渠道—价格"组合的销售预期回报率和预期成功率，使客户经理能够将合适的产品通过最佳渠道以最合理的价格、最好的利润回报销售给最需要的客户。

未来一流银行的企业级客户信息工厂（ECIF）在搜集、分析、应用客户信息的方式上将发生四方面的进化。

一是从单维客户视图向多维客户视图扩展。客户信息管理系统能自动识别和综合分析单一客户及其家庭和商业视图，对客户家庭成员实施关联数据存储、萃取和分析，支持家庭成员关系营销和风控；持续监测分析客户个人及其商业生命周期金融需求变化规律，乃至客户服务价值链和价值网络的综合分析，支持公私联动、目标客户群整体营销和风险控制。

二是从一次性非同源监测向跟踪性同源监测转化。客户信息管理系统支持对同一客户随时间推移而发生的金融需求表述及其金融行为变迁，提供追踪和同源分析，其分析模型在营销商机预测和风险预警的及时性和有效性上功能更为强大。

三是从结构化数据分析向与非结构化数据混合分析演变。客户信息管理系统应能以多种格式接收数据，并且不受数据大小限制，将其实时转化为可处理信息，以利于发现信息化、网络化时代的客户特定行为模式。

四是由被动执行客户信息分析指令向主动推送智能化信息服务升级。客户信息管理系统能实时抓取、整合银行内外各相关系统客户数据，将整合后客户信息实时反馈各业务系统，并充分运用商务智能挖掘分析，形成知识化、智能化客户信息资产，为客户营销和风险预警提供事件驱动，业务人员灵活配置事件处理逻辑，不断改善客户体验和风险预控效率。

2. 具备基于产品敏捷创新和流程横向集成的需求响应能力

客户细分基础上的产品敏捷创新能力，正在成为影响未来 10 ~ 15 年银行同业竞争的焦点之一。

尽管各类细分客户对银行产品需求组合的差异程度和变化速度日益显著，但其所需产品基本要素仍然一致。对此，国际一流银行的应对之策是通过"参数化产品创新"取得空间和逻辑上的广泛突进，通过"整合型产品创新"赢取面向未来的、时间上的纵向突进。

一是参数化产品创新和整合型产品创新。

所谓"参数化产品创新"，就是对某项产品的各个属性赋值（例如特性、绩效和价格），从而可以很容易地通过改变某项产品属性而创新，包括"定制个性化产品"和"客户自主选择产品特征"。

客户可以在满足银行设定的利润和风险参数的前提下，选择最符合其具体需求的特性（参数）创造出最适合其需求的产品。例如，在美国，客户自主定制产品 Sun Trust Access 3，提供了房产贷款的灵活性和流动性，并允许客户在动用不同信用额度时，申请相应的期限和利率。

所谓"整合型产品创新"，就是将两个或者多个产品组合成一个产品包提供给客户，组合中的各个产品可能是单一功能产品或者高度参数化的复杂产品，利用触发机制自动关联等方法，方便客户灵活管理其资产和负债。

组合产品是通过关系型定价方式确定价格，系统监督其余额和手续费，这与账户分析系统汇总业务现金管理账户的活动并收取手续费方式类似，有利于综合化账户管理、信息服务和差别化定价。

例如，英国 WoolWich 银行的开放计划（Open Plan）创新种类，提供完整的整合性个人存款/资产管理/贷款账户，主要特征包括房贷抵销，存款自动资金转账，房地产担保信用额度等；全范围的多渠道解决方案（如网上银行、手机银行、家居银行）。

二是横向流程整合集成。

与此同时，未来银行业务发展也对跨条线和跨企业产品服务价值链的横向流程整合集成能力，以及相关信息系统的可扩展性提出更高的要求。

针对涉及关联类支付结算业务较多的客户，美国银行（Bank of America）一改以往的以银行结算平台为中心、客户通过各自的支付系统分别支付的模式，而是将银行 IT 网络与客户网络、第三方公司网络相连接，为不同行业的客户提供参数化定制的垂直支付系统。

以医疗行业客户为例。垂直支付系统将患者支票或信用卡的邮寄与在线支付、医院存款账户、保险公司 IT 系统、患者私人存款账户相连接，提供了患者支付保险箱、在线支付、账单打印和邮寄服务，为医院类客户搭建起集成存款、付款、保险服务、工资支付服务的一体化、自动化结算平台，实现了资金的快速和安全支付，提高了资金周转率。

其中，患者支付保管箱服务是指通过专门的邮箱接收患者邮寄的汇款凭条和支票，运用美国银行保管箱的自动分类、高速影像等技术完成患者与医院间的账务处理和信息传输；在线支付服务是指患者在接到医院通知后，通过登录垂直支付系统运用支票或银行卡完成账单支付，医院可通过银行的理财管理报告平台查看汇款交易数据和获取报告；账单打印和邮寄服务是指将账单打印和邮寄功能与医院的垂直支付系统相关联，通过端到端的电子化方式处理患者账单，降低医院的运营成本。

上述变化趋势要求未来一流银行，应能对核心产品和流程模块进行精细化分解和标准化管理，从而在更迅速、准确地感知客户需求变化的同时，及时按照细分客户需求实施产品和服务流程横向集成响应；要求银行核心系统建设采用灵活的、可扩展的系统架构，遵循模块化、参数化和标准化设计，为一个集成产品套件做多种数据源的平滑集成，并接受外部端到端流程的统一调度，以便实现领先同业的敏捷研发和交付，缩短金融产品和服务流程面世周期。

3. 具备基于服务价值链条和异构系统环境的强大渠道整合能力

移动互联网的发展引领网上银行从以交易为中心的渠道平台，升级为以客户为中心的营销平台。网上银行也因此从交易渠道变成客户获取渠道，从自助式服务变成个性化、互动式服务。这就要求交互设计人员、开发人员综合考虑客户服务价值链条、用户习惯和偏好、信息传递等用户使用环境因素。

（1）移动互联网实现随时、随地和随身的银行服务

远程银行将远程渠道的方便快捷和柜台面对面亲切体贴的服务融为一体，由远程理财专家通过多媒体、全方位、立体化、零距离的服

务方式，并利用高度集约化、流程化、智能化的银行交易系统和客户经营管理平台，通过一对一的人工服务，结合运用电话、短信、网络、邮件、传真等各种方式，为客户提供实时、全面、快速、专业的各类银行交易、顾问式投资理财、产品销售和增值服务。

比如英国 MoBank 和国内某商业银行，在 2010 年先后推出"智能手机一站式银行服务"和"远程银行"，都得到良好市场反应。未来的支付业务可通过在手机的 Micro SD 或 SIM 贴膜卡里嵌入 NFC 芯片（近距离无线通讯技术），将多家银行的多张银行卡集合于一张芯片中统一用于手机支付。

通过远程银行的发展将用户无缝过渡到未来手机现场支付的广泛应用场景，充分利用碎片时间进行无时不在的金融服务，同时通过针对消费需求的二次挖掘形成新的消费刺激①。

这要求银行整合并横向集成各类系统和渠道，从支付、收款、贷款各个方面重新设计产品。要达到异构系统环境横向集成的效果，中间件和基础设施需透明地以可聚合的格式开放已有的信息源和交易，从而能让任何已部署的 WEB2.0 环境都能识别。

（2）云计算技术将延展电子商务金融服务空间

在 SaaS、IaaS、PaaS 等云计算环境下②，客户对银行产品使用观念从"购买产品"转变为"购买服务"。

美国银行（Bank of America）和波特莱科技公司 2009 年 8 月 5 日宣布建立战略合作关系，以推进美国银行市场领先的电子支付和发票自动化系统"支付方式－X"。它作为一个安全性能极高的云计算网络

---

① 例如日本 NTT 在移动支付领域用户进行购物支付时，通过对支付内容和支付历史的分析，借助附近地点的同类品牌产品进行推荐从而将广告系统、认证管理系统与支付系统整合形成正向的消费循环链刺激。

② 尽管云计算模式与传统银行 IT 运行模式有所背离，但在有效安全控制的前提下，就其在跨企业、跨网络、跨系统金融服务解决方案集成方面的应用前景应予积极跟踪和务实应对。

解决方案，客户无须安装硬件，没有 IT 难题，可以向任何银行授信及记账，而无须转换银行系统。因为能节省信息系统成本，改善业务资金管理并加强支付操作和控制，客户可以自己喜欢的任何形式接收无限的、各银行电子汇款明细。

这要求未来银行核心系统应统筹调度管理云计算资源，以克服数据隐私、安全、软件许可、网络传输等问题，从而保证整个系统为客户提供不间断的、快捷、安全的银行服务。

（3）智能终端及物联网技术的广泛应用将逐步淘汰传统银行自助设备

客户进入美国银行网点后，在一个类似于 iPad 的设备上输入所需办理业务信息，将设备自动打印的业务凭条放入网点专用设备中，即可完成业务办理全程；IMAGE ATM 可直接清点现金并实时入账，可通过影像传输办理支票交易，客户办完业务后可登录网上银行查询交易明细；此种机器也可置于超市、餐馆的收银台，通过将点钞机和支票识别器与银行的数据系统连接，实时贷记商户账户，称为 Cash Management Safes 服务。

目前射频识别芯片（RFID）已被美国银行植入银行卡，方便柜员自动识别客户姓名并主动问候，增加了客户小额支付的便利性；用于追踪银行现金柜，提高安防效率。

随着物联网技术的扩展应用，新的业务模式、新的支付手段、新的应用方向将不断衍生，要求未来银行核心系统应有效整合各种新兴渠道，并适应各种异构网络环境，支持海量信息顺畅传输，保障数据准确性和及时性。同时物联网与移动支付业务的整合，将使银行金融服务成为物联网末端支付业务的主要支撑者[①]。

---

① Square 公司通过基于 iPhone 和 Android 手机提供的基于耳机插口的 mini pos 设备以方便众多的中小商家进行刷卡业务的提供，结合 iPhone 和 Android 手机的手写功能提供电子签名服务和 GPS 消费定位服务以及相应的广告服务。

二、未来银行信息系统建设需要统筹解决的几个策略性问题

要想使银行信息系统适应未来银行服务创新的需求，必须从战略层面加强企业级、参数化、精简化、专业化的系统建设，围绕"以客户为中心"加强银行总行相关产品系统横向整合以及总分行系统纵向整合。

同时，应从战略层面上加强业务和 IT 融合，将产品创新、流程优化贯穿信息系统建设始终，大幅度提高对国外先进信息系统及其业务流程的引进消化吸收能力，同步健全银行客户标准、产品标准、流程标准及其数据标准，推动各业务条线充分运用 IT 提供的潜力，在更高层次和更广视角开拓更加专业专注的运营模式。

1. 信息系统建设应加强企业级客户视图建设和事件驱动管理

银行企业级客户视图建设需首先解决对客户信息一致性和时效性的整合优化问题，涉及企业级客户信息工厂（ECIF）系统及其相关应用系统的整合优化，需确定目标、范围、步骤和技术路线。

一是对客户视图所涉业务流程实施梳理、优化和标准化管理。

优化客户信息采集流程，从源头上解决客户信息采集质量的问题，对未使用整合客户信息的业务流程，加入客户信息识别和利用的环节；明确客户信息整合、管理、使用的规则，确定客户信息修改权限、信息覆盖原则、客户归并和拆分规则，在各业务渠道、场景中使用统一的、整合后的客户信息。

二是构建实时整合的客户视图。

根据在银行客户信息集中分布式体系结构下形成客户信息逻辑整合的原则，构建新的 ECIF 数据模型，并随应用系统的开发项目逐步调整其他业务系统中的数据模型，保留统一的 ECIF 客户编号，形成银行客户信息的逻辑整体。

通过优化数据模型，缩短交易路径，优化服务逻辑，分类封装并发布客户信息服务，提供规范的服务接入模式，合理配置系统资源等措施提高客户信息访问的效率，需请求方能够透明访问全行的客户信息。

各渠道系统在开立新客户、进行客户基本信息更新时直接调用ECIF服务，将采集的客户信息实时整合到ECIF中；主要业务系统开户流程优化，在账户开立、签约等业务处理过程中将信息实时传递给ECIF，ECIF系统根据相应的业务规则将信息整合到唯一的客户信息下。

三是实施客户视图访问的改造。

对进件系统、项目管理信息系统（PMIS）、排队机系统、网银系统、企业社会责任系统（CSR）等银行系统进行相应改造，实现访问客户信息时使用ECIF提供的客户信息视图。

在重要业务系统中使用客户信息优化客户服务流程，在个人客户开立流程、账户开立流程、贷款申请审批流程、排队机服务流程、信用卡审批流程、坐席员服务流程、营销销售服务流程、网银交易流程、增值服务流程、产品销售差别化服务流程中加入客户识别流程，将客户识别作为各服务流程中最基本环节，通过客户识别能力的提高，提高客户服务水平，提高网点效率，提高销售成功率，提升客户满意度。

四是以事件驱动管理提升企业级客户视图应用水平。

本着以用促建的原则，以加强综合性信息分析应用系统的应用完善为切入点，推进事件驱动管理。

充分发挥客户之声的作用，整合银行内部交易数据和外部市场调查数据、同构和异构数据，就客户对银行服务的需求、行为和感知进行多维客户细分，公私联动客户细分，从单个产品需求分析向"以客户为中心"的客户综合需求分析迈进，建立客户家庭视图和商业视图，推行事件驱动的解决方案式营销。

在已建成运行的企业级客户满意度晴雨表基础上，建立企业级产品晴雨表和流程晴雨表，围绕客户生命周期、产品生命周期和流程生命周期的变化实施事件驱动经营管理。

健全"以客户为中心"、跨条线、跨部门的风险预警事件驱动管理和客户风险信息共享，建立国际一流的精准营销和风险预控信息基础。

2. 信息系统建设应支持企业级产品标准化管理以及参数化、组件式创新

为实现银行产品创新能力同业领先的竞争优势，银行的核心业务系统应实现产品参数化的定制、创新和管理，在业务层面构建一套银行专属的产品标准体系。

其一，由于在经营范畴、目标客户、外部监管以及运营模式等方面的差异，各家银行的产品标准体系是不可完全借用或复制的，应专门构建。

其二，产品标准体系是一整套定义、分解、集成和组合产品的业务规则，包括：（1）产品标准目录，即银行有多少类、多少个产品，以实现产品数量化管理；（2）产品模型，即产品分类、定义和定制模板，即通过设计参数来定义什么是产品，不同产品和产品线之间的差别是什么，以实现产品的参数化管理；（3）产品标准的管理，即标准与产品经营管理的逻辑关联，标准的适用性及有效性，以适应产品创新、组合及退市的动态管理。

其三，产品标准体系应随银行核心业务系统同步启动建设，并为其提供应用支撑。该产品标准体系建设包含三个关键步骤：第一步是全面清理现有产品，制定初步分类、定义规则，形成产品清单；第二步是设计产品参数，运用参数设计的方法和规则，分类分批构建覆盖所有产品并支持新产品定制的产品模型及参数库，并建立产品标准目录，明确产品目录与业务部门、财务及管理部门的产品之间连接；第三步是建立产品标准管理规则和管理平台，明确产品标准的责任归属、

管理模式和运行流程，实现对全行各类产品的管理和参数动态维护，为快速灵活创新提供支持。

其四，产品标准建设应贯彻"需求导向，为用而建"原则，系统归纳提炼产品在生产、经营和管理等方面的需求并转化为产品参数设计要求，这要求产品经营管理和支持保障各利益相关部门的高度重视和协同参与，以确保标准真正"树起来、用起来和管起来"。

实现产品参数化、组件式创新需要建立产品、参数和应用相互支撑的互动平台，涉及三个层次：一是要在业务层面建立产品标准体系、构建产品模型和参数；二是要从业务与技术结合的层面开展产品配置平台和参数设置平台的建设；三是要在技术层面构建可支持参数化产品开发、运营和管理的应用平台，并形成银行产品元部件库和具体的产品库。

其中，产品配置和参数设置平台应包含各类业务规则、共性化产品组件（元件），并可根据需求灵活设置参数，如产品售前管理（客户资质）、合同（期限、价格）、交易及账务处理、渠道（网银）、风险管控（风险指标）等。而在技术底层，由应用平台完成产品销售、运营、管理的流程技术实现。

在信息系统产品管理模式下，产品经理可通过产品配置和参数平台实施产品部件组装及参数设置，将业务需求转化为技术语言，便于技术人员理解；技术人员在熟悉业务规则和流程后，可通过复用产品组件，利用应用平台创新开发和整合组件来实现产品快速研发。

银行机构可以基于全行统一产品创新流程建立管理系统（PIPM），确定研发各阶段业务设计与技术开发的衔接规则，并可针对重大创新和快速创新采用差别化通道。可将 PIPM 拓展成为产品标准发布、产品模型定制以及实施新产品投入产出分析、产品后评价，集工作流、信息流和数据模型的产品管理综合平台，并与 ALS、IPSP（理财产品创新平台）等已建系统保持参数互通和信息互用，为信息系统的其他子系统提供信息调用。

提升银行敏捷创新能力，建立领先一步创新的竞争优势，还需加强以产品经理和 IT 开发中心业务需求分析人员的队伍建设，才能使产品参数化、组件式创新发挥应有作用。

3. 信息系统建设应推进企业级、跨领域的业务流程横向整合，促进集成服务、集中运营和集约管理

信息系统的信息流是业务流程输入输出的映射，流程标准化是信息流及接口标准化的前提。企业级业务流程优化及其信息系统的整合是信息系统建设的重要任务，对于业务流程类似的产品应尽量整合采用一个系统，大幅度降低系统运维成本和安全隐患。

（1）在集成服务方面

应整合银行人民币、外币现金管理与企业网银系统，国内与国际贸易融资系统，零售网点客户服务交易平台和个人金融产品营销服务平台等一些历史形成的系统冗余。

结合零售和对公柜面营销服务流程再造，建立健全操作型客户关系管理系统（Operational CRM)① 的事件驱动营销功能。

针对个人和公司客户，建立适应移动互联网环境、体现银行品牌价值的自主电子商务平台，提供商机搜索、交易撮合、信贷，以及资金结算、监管、托管等一站式服务。

创建银行物流金融服务系统平台，设立针对贸易商面向物流提供商的网络物流集中采购模块、物流提供商面向贸易商的网络营销模块、物流提供商之间的同行网络采购合作模块，实现网络交易、网络结算、动产质押融资、信用评价等多元化网络服务功能。

---

① 是一套主要面向操作层的基于大型数据库客户信息采集、分类、统计等的客户关系管理系统。

建立具有论坛、博客、微博和在线视频互动功能的个人、小企业关系型网络金融服务社区。

加快需跨部门合作的"借贷合一 IC 卡"、远程支付、智能终端、理财产品配置模型及顾问式营销等集成服务流程设计和信息系统建设。

（2）在集中运营方面

大力推进前后台分离柜面业务集中处理系统的企业级应用，扩展对公账户维护、理财卡开卡、信用卡进件、电子同城系统对接等业务功能，不断生成新的"生产流水线"，并精密设置银行内部前中后台之间、银行与外包商之间的业务流程和系统对接。

按照银监会"三办法一指引"① 对信贷全流程精细化管理要求，建立对贷款发放、支付管理等环节的集中操作功能模块，大幅度提高风险控制关口的运营质量效率等。

（3）在集约管理方面

整合建立企业级、跨渠道、参数化的零售业务反欺诈交易风险规则引擎和过滤器，从多处实时搜集事件，提供在线提示、风险预警、中止交易功能，业务人员通过修改业务逻辑直接调整规则和过滤器，而无须 IT 人员参与。

在对行内信息以及链接外部信息基础上，融合公司机构客户基本情况、账户变动、交易记录、财务状况、原材料价格波动、诉讼事项与信贷状况等各类信息的综合对比分析，使 CRMS 实现更及时的信贷风险预警和预控事件驱动，在 OCRM 建立商机捕捉、客户财务健康诊断、事件式营销信息推送功能，提高对公司和机构客户金融服务的风险回报平衡能力。

信息系统建设应充分运用银行业已形成的总分行联动、部门联动

---

① "三办法"是指《固定资产贷款管理暂行办法》《流动资金贷款管理暂行办法》和《个人贷款管理暂行办法》三种管理暂行办法，"一指引"是指《项目融资业务指引》。

推行业务流程优化和标准化的良好局面，接续推进流程系统的组件化、参数化改造，大幅度提高信息系统对信息化、网络化环境下流程变化适应能力，保持灵活性、可扩展性和健壮性。

4. 信息系统建设应加强企业级、精简化的应用架构整合

首先，在银行内部形成企业级、精简化、专业化的系统分类、分层布局。按照客户类系统、产品（服务）类系统、渠道类系统、核算类系统、操作类系统、分析管理类系统等重新梳理定位应用架构，区分业务中相对长期稳定的部分和易变的部分，在应用架构中给予相应解决策略。

在以产品为核心的系统中，应以产品为其内生对象，系统的功能设计、流程设计、数据结构设计均应围绕产品概念展开。产品服务层包括：（1）支持产品创新和基础产品服务的企业级产品支持平台；（2）支持账务处理服务和客户信息服务的企业级公共金融服务支撑平台；（3）支持产品服务业务操作层应用包括共享作业中心和专业作业中心模块；（4）支持产品服务的管理决策层应用包括产品目录、配置发布和评价管理的产品管理模块，市场数据管理和监管合规管理模块。

其次，构建企业级的公共技术组件和公共技术支持设施。对系统、子系统、应用、产品、功能等关键概念确定统一、清晰的定义。建立全行统一的涵盖客户、产品、合约、参与者、安排的主数据管理，通过模型驱动开发来构建业务组件。

优化系统架构，逐步改变把本应是公共技术组件或公共技术支持设施的内容演变为一套实际运行的系统实例的状况。例如，通过改造利息计算、费用计算等产品化、参数化要求较高的处理，组成公共的应用模块，集中处理积分、卡管理等综合性功能。积极推进"两地三

中心"① 建设，建立保障银行业务连续安全运营的基础运行环境。

最后，可以考虑在分行形成标准化、灵活应变的 IT 应用环境。在分行统一部署三个基础技术平台，即后台业务集中处理系统（COS）、分行操作型数据存储系统（ODSB）和区域业务服务平台。

该平台可以综合前置建设，为银行实时交易系统总分行之间的"交通枢纽"，并带动总推分系统的上收，改变通道类、前置类系统过多现象；以分行操作型数据存储系统（ODSB）为基础，推动分行数据分析主题应用整合；以区域业务服务平台建设为中心，推动分行交易类系统整合。

该平台作为全行企业级核心系统的补充，包括统一的框架，共享基础类、工具类、通用类技术组件和业务组件，各分行在其框架内，可根据特色需求灵活引用特定子系统和建立业务组件，进行二次开发，实现快速市场反应。

总体而言，在具体设计信息系统建设方案时，应采取实证性分析方法，根据总行决策层战略目标要求和未来银行发展趋势，参照当前国际一流银行核心系统能力标杆，分析银行目前核心系统各项能力差距水平，确定建设目标和任务优先级，抓住重点制定分年度设计、开发和部署路线图，实现信息系统从现有核心系统的平滑过渡。

三、基于信息系统升级下的流程优化实践：以信用卡为例

持续的流程优化是银行业实施精益服务的直接体现，比如流程优化可以直接助推信用卡服务精益化。

精益服务也是智慧的服务，强调及时、巧妙、自动地向客户传递业务和服务价值。所以，若想提高信用卡产品服务便捷程度，就需要通过融合科技手段实施流程优化，做好银行内部前中后台之间以及银

---

① 即信息系统的备份数据容灾方案：设立主数据中心、同城灾备中心和异地灾备中心。

行与外部协作商户、外包供应商之间的流程精益对接，通过价值链的高效延伸，提高平衡信用卡风险回报的操作效率。

2006 年以来，越来越多的国内银行开始借助以"客户之声"调查为事先决策依据、以精益六西格玛方法为事中优化手段、以客户满意度和风险调整后回报监测为事后考核标准的科学方法，对信用卡产品研发、创新实验、促销活动、联盟营销、征信审核、申请评分卡、行为评分卡、额度审批、额度调整、到期催收、呼叫中心等诸多领域实施流程优化和标准化，取得了信用卡市场份额增速领先、客户满意度持续提升、风险调整后回报持续增长的平衡发展实效。

流程优化通过简化其表、专业其中的智慧整合，在快速、简捷经济时代使精益服务大放异彩。

目前已有国内银行在上海几个大型商厦推出了信用卡即时发卡业务流程[①]：派驻商户的银行销售代表配发带 3G 功能、内置摄像头的上网本，在半小时内完成摄像、填制申请表、申请表传送银行卡中心审批、回传确认码等操作，客户收到确认码之后，就可以当场实现商户分期付款刷卡消费。正常卡片依然是在两周左右寄到客户手里，持卡人才可以到其他商户去消费。当然，高效的前提是，还要确保成本可控、差错可控，所以其后台录入处理环节大部分是依托具有专业能力的外包商操作。这确属依托流程优化，有效平衡信用卡风险控制与服务效率的典型案例。

2013 年 12 月，国内某银行通过试点测试即时发卡系统，从用户输入个人信息、系统审核通过，到卡面打印、凸凹印制、磁条编码、烫色等制卡步骤，仅需 60 秒即可完成。该系统不但支持图库选取、U 盘导入、手机上传图片等进行卡面设计，还提供在线编辑美化功能，用

---

① 欧美银行早在 20 世纪 90 年代就已有类似信用卡模式和流程，称为当时发卡（On sight），尽管当时还没有带有 3G 功能的上网本，但也能通过当场生成已激活的信用卡号满足客户当场刷卡消费的需要，卡片两周后寄送给客户。

户甚至可以选择卡片的制作材料。

目前，已经有多家银行进行即时发卡的试点甚至速度竞赛，但还未在全国进行大规模推广。大银行如能综合运用基于行为评分卡的"预审批"和基于流程优化的"即时发卡"，仅在大力挖掘本行存量客户发卡资源方面前途就已无可限量。

此外，目前国内已有个别银行推出的"存贷合一卡"、高端客户细分基础上的信用卡差别化服务等创新，考验的并非产品流程设计技术，而恰恰是哪家银行更具有"以客户为中心"和"流程银行"式的跨部门无边界协作机制。

第二节　流程优化项目的筛选

金融业的一切都和流程紧密相连。没有好的过程和好的输入，就不可能有好的流程结果，客户不满意的地方通常也是需要流程优化的地方。

然而，流程银行建设的目标不可能一蹴而就，需要建立全方位流程管理体系，统筹规划，科学设计，通过许多流程优化项目，对每一个具体的流程进行定义、测量、分析、改进、控制，通过提升业务流程能力和流程效率，提高银行机构以客户需求为导向的市场竞争能力、金融创新能力、风险管理能力、资本盈利能力、营运管理能力，逐步实现向流程银行的转轨。

一、流程优化项目的内涵和分类

流程优化是指以落实发展战略要求、满足客户需求、加强风险管理、降低管理成本、增加经营收益为目的，增加、减少或重新组合、创新设计产品服务、业务管理、业务支持保障等各类流程的活动。

流程优化项目是由项目倡导者、项目经理、质量效率管理专家、项目财务主管、流程主管和其他相关成员组成流程优化项目团队，运用六西格玛等流程优化管理方法和工具，实施流程整合优化工作的项目。

根据流程优化项目所需要资源的多少、项目实施期限的长短、项目实施的难易程度，同时兼顾项目的直接与间接收益因素，分为一般流程改进项目、快速改进项目、精益流程项目、六西格玛改进项目（DMAIC项目）、六西格玛设计项目（DFSS项目）。

其中，按照项目预期的财务效益和涉及的范围，六西格玛改进项目（DMAIC项目）还可细分为"高级质量效率项目"（对应黑带项目）、"质量效率项目"（对应绿带项目）两种类型。

1. 一般流程改进项目（Just – Do – It）

一般流程改进项目是指针对具体问题或明确的改进目标，通过管理层决策、合理化建议等方式提出改进方案，直接推行的流程质量效率改进项目。

2. 流程快速改进项目（Work – Out）

流程快速改进项目是指在质量效率管理专家的指导下，通过一个程序化的会议，流程的执行者和熟悉问题产生的员工群策群力解决一些不需要深度挖掘根源因素的问题，包括计划、会议、跟进三个步骤的工作。其特点是快速、简单、以员工为中心，一般需要1~4周时间完成。

3. 流程精益项目（Lean）

流程精益项目是指以减少浪费为目的，以准时化和自动化为支柱，以五常法（5S：整理、整顿、清扫、清洁、保持）为基础，减少流程中等待、传递、工作积压、返工等造成的浪费，实现低成本、高效率的经营运作，最大限度地使客户满意的项目。该类项目一般需要 1～3 个月。

4. 六西格玛改进项目（Six Sigma）

六西格玛改进项目是指对于效率低下、稳定性差的流程，其原因不明显或原因众多繁杂，需要深入挖掘问题产生的根本原因时，运用六西格玛流程管理方法和工具，消除不利于流程能力表现的各种因素，增强流程输出稳定性，提升流程能力和效率，提高客户、员工、股东满意度。该类项目期限一般在4～6个月。

5. 六西格玛设计项目（DFSS：Design For Six Sigma）

在开展流程优化工作时，我们发现有些流程完全不符合客户需求，或者通过六西格玛改进实现的改善空间受到限制，在这种情况下，一般采用六西格玛设计（DFSS）对流程进行突破性革新。

六西格玛设计是一种系统的设计方法，以顾客需求为导向，以质量功能展开为纽带，综合运用实验设计、参数设计、容差设计、过程仿真等技术，缩短开发周期，降低设计成本。六西格玛设计项目包含对现有流程进行再设计，以及对新产品和业务流程的开发，通过六西格玛设计输出的新流程应当具有较高的能力水平（一般相当于4～5个西格玛的水平）。该类项目期限一般在6～24个月。

二、流程优化项目的筛选线索和原则

1. 流程优化项目的筛选线索

流程优化项目的线索主要来自对客户之声、战略之声、内部流程用户之声、数据之声和市场之声的收集、汇总和分析。

一是客户之声（VOC）。根据客户对银行产品、服务和渠道期望、体验与满意度调查，对客户投诉、建议的分析，综合筛选出项目线索。

二是战略之声（VOB）。根据银行战略规划和年度经营计划目标，确定需改进或设计的核心业务流程，进行可量化的差距分析，找出需要解决问题的项目线索。

三是内部流程用户之声（VOP）。根据对银行各级员工对业务流程优化和管理创新的需求调查和相关建议，找出需要解决问题的项目线索。

四是数据之声（VOD）。根据内部交易数据和运行数据挖掘分析，寻找业务交易和运行规律，建立客户行为预测模型，探寻不同客户群体业务流程优化信息线索。

五是市场之声（VOM）。根据国内外银行业的发展趋势以及业内竞争对手的分析研究，筛选出项目线索。

2. 流程优化项目的筛选原则

在选择哪些流程进行改进，采取哪种项目形式实现流程优化目标时，要把握以下几条基本原则。

一是战略导向性原则。所选流程优化项目应符合全行的发展战略和业务规划，与总行各部门年度工作计划紧密相关，有利于促进客户满意度的增加、市场份额的增长、业务运营效率的提升、风险管理能力的提高，以及员工的成长发展等战略目标的实现。

二是效益相关性原则。选择流程优化项目的预期成果可以长期持续地增加银行的财务效益，包括客户满意度和忠诚度的提高、业务量的增加、更加符合客户需求的新产品和新市场的开发、运营效率和服务效率的提高，促使业务收益增加、成本费用降低等直接效益；也包括业务流程的优化和改进、风险管理和内控能力的增强、信息资源管理和数据管控能力的提升、员工满意度和员工素质的提高等间接效益。

三是分析必要性原则。不同层次的项目解决问题的能力不同，要综合问题深度、项目成本以及收益，选择合适的项目类型。例如，六西格玛改进项目适用于通过传统的分析方法无法清楚准确地找出问题的根本原因，有必要使用六西格玛管理方法和工具进行测量、分析、改进和控制的流程优化项目。

四是能力可控性原则。能够清晰界定流程优化项目内容，项目的范围边界合理，项目实施能力条件可控，项目团队能在既定期限内实现预期目标。

三、流程优化项目筛选的评价标准

根据流程优化项目选择的原则与战略之声、客户之声、内部流程用户之声、数据之声、市场之声所提出的诸多项目线索，综合考虑以下四个方面的评价标准，兼顾项目的财务效益和非财务效益，进行流程优化项目的选择。

一是提高客户满意度。所选择项目与目标客户所关注的关键质量要素保持一致，用西格玛水平测量方法来检查满足客户需求的业绩表现。

二是提升流程能力。确定流程能力和关键流程的输入变量或输出变量（KPIV or KPOV），以及通过绘制和分析 SIPOC（供方、输入、过程、输出和顾客）流程图，控制关键质量要素以提高流程的运行效率，或者提高风险管理和内控能力。

三是减少劣质成本。确认以西格玛水平反映的与降低成本和费用有关的关键流程输出变量（KPOV），或者避免额外成本费用的支出。

四是提高增值能力。通过价值链分析，对流程是否增值做出判断，识别并减少非增值步骤或环节，在有效平衡风险与回报的前提下，通过精细化管理实现收益的增长。

四、流程优化项目筛选的方法和工具

1. 工具一：MBF（基于事实的管理）

如何把握筛选原则、运用项目筛选标准、明确项目类型，是一个逻辑化的系统工作。这里我们借鉴美国银行的实际经验，向大家介绍一个流程优化项目筛选的系统工具——MBF（如表5-1所示）。

表5-1　　　　　　　　　　MBF模板

MBF名称：							
问题陈述：							
主要指标			次要指标				
驱动因素的帕累托图			其他图表				
优先级和根源性原因	对策及整改行动	负责人	期限	流程能力			
				预测性影响	现状/结果	控制	
关键驱动因素1							
根源性原因①	行动项目						
根源性原因②	行动项目						
……							
关键驱动因素2							
根源性原因①	行动项目						
根源性原因②	行动项目						
……							

MBF是Management By Fact的英文首字母，其含义为"基于事实的管理"。它是一个步骤化、以事实和数据为依据的发现问题、分析问题、解决问题的流程和工具。

MBF的输出结果可以以一份不断完善的文件来显示，包括：

（1）简明扼要的问题描述；

（2）以图表方式列示的数据和事实；

（3）通过分析找到问题的根源；

（4）提出初步的改进措施；

（5）并初步判断是否通过流程优化项目进行改进等。

各流程拥有者可以通过 MBF 将战略之声、客户之声、内部流程用户之声、数据之声和市场之声转化为有效的流程改进活动。

在项目线索筛选中，MBF 充分展现了实用性和逻辑性的有机结合。例如：

（1）拟写问题陈述，可以将业务问题转化为可操作的流程改进、创新的具体行动，更准确地描述绩效差距，关注"现状"和"期望"之间的差距；

（2）主要度量指标，既是一个衡量工作成功与否的指标，也是使项目负责人、团队成员以及利益相关者统一认识、消除分歧的一个衡量指标；

（3）设置次要度量指标是为了确保在努力改善主要度量指标的同时，其他关联指标不会恶化，防止将问题推卸给其他流程或流程环节。

MBF 还借鉴了一些常见的管理方法和工具，如"帕累托图"和"五个为什么"。针对流程中存在的问题，通过帕累托图确定引起大多数问题的关键因素，便于集中力量解决主要问题；运用"五个为什么"的方法进行问题根源分析，透过表面现象寻找问题产生的根源因素。

总的来说，MBF 就像一张地图，既让我们看清现在所处的位置和我们想达到的目标，也让我们明了从现状到达目标的路线和必须解决的问题。MBF 还是一种长期性的项目管理及沟通工具。随着流程优化项目的推进，依照事实和数据不断更新 MBF 文件，有助于指导流程优化项目推进和项目团队成员之间及与相关人员进行沟通。

2. 工具二：流程优化项目评价矩阵

通过 MBF，我们找出了问题的关键驱动因素和潜在的根源性原因，并确定相应的对策或整改行动。通常有很多对策或整改方案，不可能同时实施，而且所有的对策或整改行动重要性也是有差别的，需要对这些对策或整改行动进行重要性评估，排出优先顺序。这里我们介绍一个新的工具——流程优化项目评价矩阵（如表5-2所示）。

表5-2　　　　　　　　　　流程优化项目评价矩阵

项目 \ 评价因素 相关性评分	评价指标 重要性评分	战略相关性	客户满意度	经济效益	费用预算	技术难度	见效期限	推广可能性	潜在的挑战和风险	合计	评分排序
序号	项目名称										
1											
2											
3			效益性指标					成本性指标			
4											
5											
6											
7											
8											
9											
10											

在上面的流程优化评价矩阵中，我们初步拟定了8个评价因素，开展优先性排序。

第一步，确定评价因素的重要性，根据要求填在重要性评分栏中（通常按1至10来进行评分）。

第二步，根据MBF中提出的对策或整改行动，列出所有的候选项目。

第三步，评估各个评价因素与初选项目的相关性强度，相关性一般用9、3、1、0表示。对于效益性指标，低分表示该候选项目与评价因素的相关较小，高分表示该候选项目与评价因素的相关性较大；对于成本性指标，低分表示成本制约因素较大，高分表示成本制约因素较小。

第四步，将相关性强度值与重要性评分交叉相乘并相加后，填入合计栏，即候选项目评分合计 = $\sum$ 相关性得分 × 重要性得分。

通过运用流程优化项目评价矩阵，我们将定性的评价量化处理，为流程优化项目的筛选提供事实和数据的有力支持。

五、流程优化项目筛选的流程

一般来讲，通过 MBF 对项目线索进行梳理，我们就可以确定需要实施什么样的项目改善流程。

对于一般流程改进项目、流程快速改进项目、流程精益项目，这类项目不需要通过"定、测、析、改、控"的项目阶段，难度相对较小，项目牵头部门或分行可以直接启动这类项目，只需报流程优化项目归口管理部门备案即可。

而对于六西格玛改进与六西格玛设计项目，由于该类项目实施成本较高、难度较大、风险点较多，需要通过规定的流程进行评价筛选，申报立项后方可启动运行。

流程优化项目选择中申报流程可以按下面的步骤进行：
第一步，流程的拥有者或牵头管理部门初选项目。

根据流程优化项目选择的原则和评价标准，以及业务发展和管理需求，运用 MBF 工具深入挖掘战略之声、客户之声、内部流程用户之声、数据之声和市场之声，分析项目线索。如不需要实施六西格玛改进（DMAIC）或六西格玛设计（DFSS），项目申报的业务部门则按照相关规定，直接组织项目的实施，并监测实施结果；如需进行六西格玛改进（DMAIC）或六西格玛设计（DFSS），应根据项目特许任务书完成相关工作，提出立项申请，填写流程优化项目申请表，并提交流程优化项目归口管理部门。

第二步，流程优化项目归口管理部门也可以提出项目线索，同流程拥有者或牵头管理部门充分沟通后，提出立项申请，填报流程优化项目申请表等申请文件。

第三步，流程优化项目归口管理部门对流程优化项目申请表、项目特许任务书等申请文件进行初步审核，并与项目申报部门及流程相关部门进行充分的沟通。

第四步，流程优化项目归口管理部门根据流程优化项目选择评价标准，运用流程优化项目评价矩阵提交的项目申请进行项目优先级排序和初步分析，形成项目优先级顺序，并将项目申请和初步分析呈报流程优化项目决策机构（如行领导或相关委员会）审核。

第五步，流程优化项目决策机构召集项目评选专题会议，流程优化项目归口管理部门、计划财务部门、项目申报单位以及所涉及的其他相关部门参加，讨论确定初步入选项目清单，未入选项目纳入流程优化项目归口管理部门流程优化项目备选库。

第六步，项目申报单位与计划财务部门进行财务预估后补充完善流程优化项目特许任务书，在年度预算允许的范围内，由项目申报部门负责人、流程优化项目归口管理部门负责人、计划财务部门负责人签署意见后，呈报流程优化项目决策机构正式审批项目立项。

第七步，项目立项获批后，申报项目的业务部门或者一级分行会同流程优化项目归口管理部门组建项目团队，在倡导者与流程相关部门充分沟通的基础上，确定项目团队成员，包括项目经理（一般由质量效率管理专家或候选人担任）、项目财务主管、流程主管和团队其他成员。对于高级质量效率项目（黑带项目），质量效率管理部门派遣承担指导职责的资深质量效率管理专家；对于质量效率项目（绿带项目），质量效率管理部门派遣担任指导职责的高级质量效率管理专家。

第八步，项目团队组建后启动项目进程，讨论项目工作安排，制定项目计划，进入项目实施阶段。

第九步，未正式批准立项的项目纳入流程优化项目归口管理部门流程优化项目备选库，待获得立项批准后开始实施。

六、流程优化项目筛选中的职责分工

在流程优化项目选择工作中，参与的成员包括流程优化项目决策机构、申请流程优化项目的部门或分行、计划财务部门、流程优化项目归口管理部门，以及与项目相关的其他部门。

各主体的职责如下：

第一，流程优化项目决策机构负责流程优化项目立项的审批。

第二，流程优化项目归口管理部门统一受理流程相关部门和分行提出的流程优化项目申请，并负责流程优化项目选择的初审，根据全行发展愿景和战略规划，确定项目优先级顺序清单，组织项目审批工作，负责流程优化项目库的建立和维护，并为流程优化项目团队派遣资深质量效率管理专家或高级质量效率管理专家。

第三，各部门和各分行根据年度工作的关键业绩目标（KPI）和经营管理需要，提出流程优化项目的申请，作为项目申请单位牵头组建项目团队，提出本单位与项目实施相关的高级质量效率管理专家候选人或者质量效率管理专家候选人。

第四，计划财务部门负责为流程优化项目派遣财务主管（兼职），并审核流程优化项目的预算和预期收益。

第五，其他相关部门负责其部门工作范围内与项目相关的支持工作。

七、流程优化项目筛选中应注意的几个问题

一是领导者积极参与，充分发挥"一把手"的力量，从根本上重视流程优化工作，把六西格玛流程管理思想融入企业的文化之中。

二是项目选择要注意范围明确，不能太大也不能太小。项目范围太大，可能造成项目失控；反之，项目范围太小，无法充分体现流程优化整合的效果。

三是项目选择要充分考虑利益相关者。持积极态度的利益相关者是流程优化项目的催化剂，能够促进项目的顺利运转；相反，持反对意见的利益相关者可能会给项目带来许多困难，甚至使项目停滞不前。因此，要对利益相关者进行分析，从一开始就为项目营造良好的外部环境。

第三节　尼尔森的流程优化策略

本章第二节主要就流程优化项目的筛选线索、标准、方法及步骤等问题进行了阐述，本节将重点结合某银行网点服务流程优化案例，介绍一下尼尔森"精益服务支持模型"在流程优化中的价值和应用。

一、尼尔森常用的流程优化工具

在尼尔森的"精益服务支持模型"中，业务流程改善在数据、分析、建议的基础上，更为聚焦于产生切实可以解决问题的行动方案。因此，尼尔森流程优化也被称为"行动方案的孵化器"。

在这一阶段，尼尔森会根据项目特点和需要，使用一些流程优化工具，下面就对常用的工具做一个简单的介绍。

1. DMAIC 模型

DMAIC 模型是实施六西格玛的一套操作方法，即"界定（Define）—量测（Measure）—分析（Analyze）—改进（Improve）—控制（Control）"。

在问题界定阶段，首先要清楚正在进行的是什么样的工作及其目的。此时的主要目标是确定项目的疑难、问题所在，图解价值流。所以该环节的主要工作包括建立项目章程、建立高级别进程图（SI-POC）、将品质关键点（CTQ）按重要顺序排列、改变管理和项目计划等。

在测量阶段，主要是衡量现有状态，作为基线表现，主要工作包括创建细节过程图、收集数据、根据基数表现集中问题陈述。

在分析阶段，主要任务是找到根本原因，即分析并确认问题根源，具体包括列出问题根源的名单（重要的 x's）以及它们是如何被证实的，确认出现问题多大程度上是因为这些重要的 x's 引起的。

在改进阶段，主要目标是产生行动方案并且着重强调问题根源，主要工作包括提出多个解决措施、选择最佳措施、试点并评价最终解决措施、全方面计划并且执行解决措施等。

在控制阶段，主要目标是维持改进效果，防止问题再次产生。在这一阶段，将提供工序控制系统、更细工序文件、使用方案（Engagement plan）、重复机会（Replication opportunities）以及最后"收费站"审查（Final tollgate review）等。

2. Kaizen 研讨会

Kaizen 是日本一个管理概念，是指持续提升或者"为了更好地改变"，简而言之就是"持续改善"。

在尼尔森的流程优化项目中，常常会用到这个方法，以减少流程优化项目的循环周期，加速 DMAIC 进度，这是因为 Kaizen 研讨会是一个高强度的、集中的改善工序方法，它通常由一个多功能的团队参与活动，共同工作超过 1～5 天，内容涵盖 DMAIC 的多个步骤。

Kaizen 研讨会需要注意的事项（原则）：

（1）抛开你所在部门、公司或职能，我们现在是一个项目组，在为共同的目标一起努力。

（2）用开放的心态倾听新观点，思考新思路。听到新观点时多想想怎么实现，而不要简单否定。

（3）没有愚蠢的问题。你可以不断追问为什么，直到找到了根本原因。

（4）不要否定别人，不允许使用"不对"等否定词汇。

（5）平等交流。大家都是平等的，都是一个项目组，为了共同的目标努力。不要分等级，没有上下级。

（6）改进无止境。不必过于追求完美，我们追求的是改进和越来越好。

3. 五问法（5 Whys）

"五问法"最初由丰田公司提出并在丰田公司广泛采用，因此也叫丰田五问法，是一种分析问题的实用方法，用于探究造成特定问题的因果关系。所以，五问法最终旨在确定特定缺陷或问题的根本原因（Root Causes）。

五问法的哲学就是：坚持多问"为什么"，直到找到根本原因。五问法在日常生活当中，常常会听到有人提出类似于"碰到问题，多问几个为什么"的善意忠告，而五问法之中的道理就与此忠告非常类似。五问法中的五只是一个概括的说法，并非一定要问五遍为什么，而是多问直到找到根本原因为止。

要想快速准确找到问题，如何问，即提问的质量，至关重要，并不是只要多提几个问题就一定可以找到问题的根本原因，比如上班迟到了，为什么呢？（如图 5 - 1 所示）如果仅仅追问 1 到 2 次，实际上并未找到根本原因，而基于这些中间原因的解决方案必然治标不治本。而如果通过五问法真正找到这个故事中的根本原因，那么解决方案是更换一个闹钟，甚至同时使用 2 个闹钟，那么就可以从根本上避免同样的问题再次发生了。

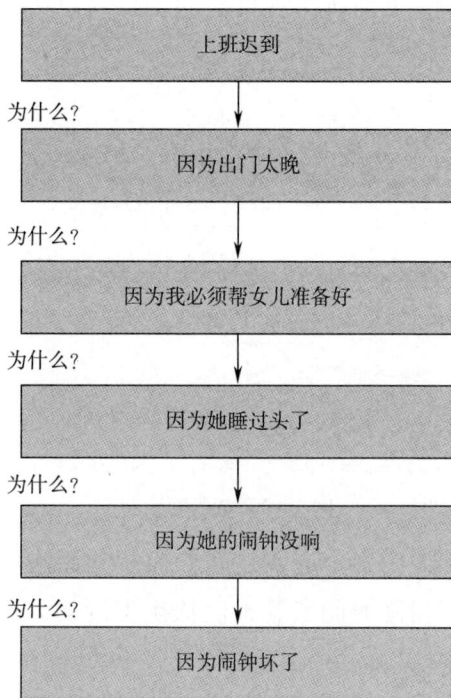

图 5 - 1　五问法示例

五问法只是提供了一种思考技巧，真正需要掌握的是问题面前追根究源的探索精神和提问背后强大的逻辑分析能力。

4. 鱼骨图分析法（因果分析工具）

在五问法的实践中，通常还会借助因果分析工具——鱼骨图分析法，以便把五问法所得的"成果"加以分类整理，并直观地展示出来。换言之，就是用五问法的思路来制作鱼骨图。

由于鱼骨图是由日本管理大师石川馨先生发明的，故又名石川图。

鱼骨图是一种归纳和总结问题"根本原因"的方法之一，其特点是简洁实用，深入直观。它看上去有些像鱼骨，问题标在"鱼头"外。

在鱼骨上长出鱼刺，上面按出现机会的多寡列出产生问题的可能原因（如图5-2所示）。

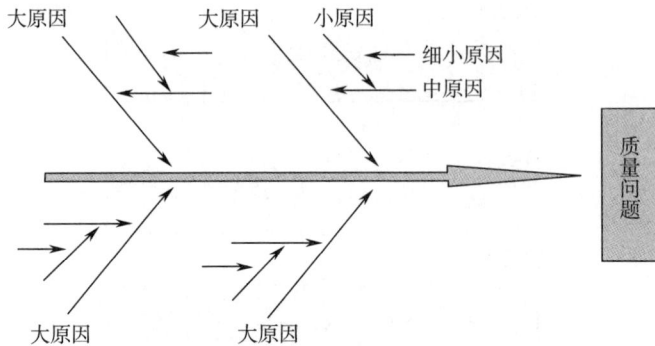

图5-2　鱼骨图示例

鱼骨图有助于说明各个原因之间如何相互影响。它也能表现出各个可能的原因是如何随时间或逻辑而依次出现的。这有助于着手解决问题。

在尼尔森的操作实践中，通常的鱼骨图制作需要遵循以下原则和步骤：

第一步：每个人先不受干扰地独立思考。比如使用便笺纸，每张纸只能写一个原因。

第二步：小组讨论碰撞，并对原因进行归类，厘清原因之间的因果关系。

第三步：生成鱼骨图。

第四步：对鱼骨图进行阐述（可以分组）。

第五步：讨论并修正鱼骨图。

在五问法或者制作鱼骨图的过程中，通常提倡头脑风暴（Brain Storming），即通过集思广益、发挥团体智慧，从各种不同角度找出问题所有原因或构成要素。头脑风暴有四大原则：严禁批评、自由奔放、多多益善、互相启发。

二、尼尔森开展流程优化的策略重点

针对具体的流程优化项目，尼尔森通常会借助上述流程优化工具，实施流程优化工作，其关键点如下。

1. 定义关键问题

各种开展流程优化的工具和方法有了，但就像食材有了，并不意味着就可以做出一盘美味的佳肴来，还需要有一个明确的食谱，只有根据特定的食谱才能做出想要的饭菜和风味。

在流程优化项目中，决定一道食材如何以及做出什么风味，其关键就在于如何定义关键问题，这直接决定了尼尔森工作坊的成效，即能否把调研发现变为切实可行的执行方案。

通过多种方法，我们可以找到多种原因，但它们的重要性是不平衡的。在最底层的若干原因中，究竟哪些是导致问题的关键原因呢？复杂的流程中，解决的关键究竟在哪个环节呢？我们必须要去识别这些关键原因和环节，这样才能集中精力解决它们。

怎样才能找出关键原因呢？

第一步：分组讨论关键原因并排序，然后对大量原因进行归类，根据需要可以排出来 3~8 个关键原因，每个关键原因下又有若干子原因。

第二步：小组进行讲解，并对这些关键原因讨论。如果有多组，小组之间还可以进行补充与辩论。

第三步：利用鱼骨图形成关键原因的列表，作为第二天寻找解决方案的目标。

2. 寻找解决方案

针对已经明确的关键原因，接下来就是找出解决方案，这大致需要经历如下几个步骤：

第一步：独立思考，几个关键原因可能的解决方案。在这个环节，特别鼓励创新，任何方案都可以提出，暂时不用考虑落地和执行问题。只要这个方案能解决问题，就先提出来，越多越好。

第二步：小组进行讨论。一方面汇总该小组收集的所有可能方案，另一方面头脑激荡，找到更多方案或完善既有方案。

第三步：列出解决方案集，对解决方案进行阐述和讨论，选出最有希望的解决方案。在这一步中，需要分组对目前的解决方案集进行挑战和辩论，去掉存在明显缺陷和无法落地的解决方案，留下好的解决方案。两组分别陈述选择的结果和原因；求同存异，继续讨论，直至识别出最有价值和希望的解决方案。

逐一审视选择出来的解决方案，详细追问这个方案具体如何操作，如何落地，存在哪些问题，如何解决？

而后是陈述方案优化的结果，并把这些解决方案用文字记录下来，指派具体的负责人和时间表，列出所需资源等，即行动计划。在制定解决方案时，需要坚持行动计划的 SMART 原则，即具体性（Specific）、可衡量性（Measurable）、可实现性（Attainable）、与目标相关（Relevant）、有时间截点（Time－bound）。

三、尼尔森筛选和实施流程优化项目的具体过程

前文粗略地介绍了一下尼尔森开展流程优化的常用工具和策略重点，接下来将结合具体案例，介绍一下尼尔森实施流程优化项目的具体过程。

1. 在"全行满意度调研"阶段，确定改进方向

提供便捷的服务，提升服务的水平，获得更高的顾客满意度，是现代银行竞争的核心任务。基于此，某银行专门成立了客户之声团队，每年上半年制定 1 + N 的客户满意度研究方案，进行客户满意度的深入研究。

在全行满意度研究阶段，主要目标是找到改进方向，具体任务有四个：（1）通过定性研究搭建银行客户满意度指标体系；（2）量化各因素对客户满意度的驱动力，从而形成满意度模型；（3）评估自身和同业在各驱动因素上的满意度表现；（4）结合满意度因素重要性以及满意度表现，识别客户满意度现状，找到满意度短板和改进优先级。

2. 在专项满意度调研阶段，找到问题所在

通过第一阶段的研究，找到了银行客户满意度的短板在于网点服务。但为什么网点服务客户不满意？如何提升客户在网点的满意度？由于全行满意度是一个方向性的体系，全面但不深入。因此，这个问题的答案是无法在全行满意度研究中找到答案的。

因此该银行决定通过网点满意度专项研究，来进一步理解网点服务中存在的问题，为网点满意度提升找到线索。

第二阶段的研究发现，环境及秩序是网点满意度的重要影响因素，同时也是客户相对较为不满意的地方，在网点各因素中的改进优先级最为突出。

3. 第三步是锁定问题

而环境及秩序的众多三级指标中，重要性高但客户满意度低的要素中，"排队等候时间过长"又凸显出来，成为银行首先要改进的地方。

至此，就可以发现，整个过程是一个顺藤摸瓜、层层深入的过程。通过本次调研发现全行客户满意度中的网点满意度问题，并且通过重要性与满意度表现的结合分析，找到了网点满意度的改进线索。在优先改进列表上，排在第一位的是"排队等候时间"。

但问题是，银行如何做才能降低客户排队等候时间呢？这就又引出了下一个研究课题，如何把市场研究数据变为行动计划，切实提高客户满意度。

4. 第四步是定义关键问题，寻找解决方案

通过对网点满意度指标重要性和客户实际满意度的比较分析，发现"客户网点排队等候时间"已经成为该行网点满意度的短板，亟待改进。接下来的主要任务就是定义其中的关键问题，找到解决方案。

由于"客户等候时间"不但涉及前台客户服务端，也涉及后台流程端，所以尼尔森建议对营业网点客户排队等候时间及其原因进行专项流程评估，全面分析影响客户等候时间的因素并进行量化验证，深入把握客户流量变化规律，进行有针对性的流程优化和管理改进。

该项工作将在尼尔森工作坊中完成。尼尔森工作坊的最大价值就是把市场研究发现变为切实可行的执行方案。尼尔森工作坊被称为行动方案的孵化器，工作坊由尼尔森专业研究人员主持，银行相关部门深度参加，时间通常为 1~3 天。

（1）热身和准备

良好的准备是工作坊成功的基础，通常需要经历以下三方面的准备：界定问题，邀请相关人员参加（尼尔森和该银行的相关人员），场地与相关器材。

一开始，尼尔森主持人会对工作坊规则以及相应工具进行讲解，给出大家统一的解决问题思路，然后开始分组讨论，正式进入工作坊。

（2）分析原因

通过 Kaizen 研讨会、鱼骨图和五问法等方法分析原因，并通过投票寻找最重要的原因，形成初步建议（如图 5-3 所示）：

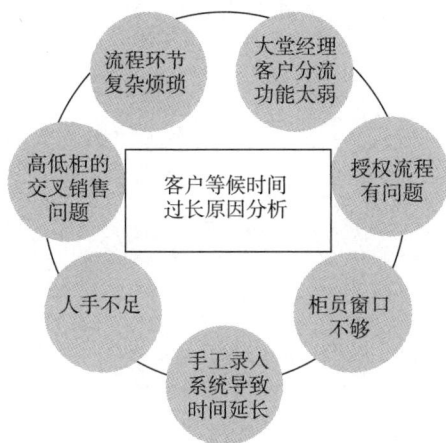

图 5-3　网点客户等待时间过长的原因

- 大堂经理客户分流功能偏弱。需要增加培训；根据业务规律，做忙时预告；考核分流效果等。
- 授权流程有问题。需要转授权（至少两人）。需要取消部分授权，总行业务部门进一步明示授权说明等。
- 柜员窗口相对不足，出现部分窗口排队部分窗口闲置现象。需要对公、对私业务可根据工作量和忙闲程度灵活调整；简单业务、复杂业务进行分类；客户经理可帮助办理非现金业务（如开户等）等。

（3）找到并执行解决方案

讨论问题的解决方案，辩论与优化行动方案，形成可操作性建议，并在全行推广。

根据调研发现，提出前台客户服务端的改进建议包括：各网点分析自身客流规律，通过网点内各媒介或人员沟通等形式，提示客户错峰办理业务；高柜柜员需全面掌握个人和对公业务的办理方法，网点

219

可根据客户排队情况，灵活配置个人和对公柜员等等。

（4）借助神秘顾客监督并验证效果

一方面统计客户等待时间并进行追踪，另一方面检查提示高峰办理时间等举措是否在网点有充分的落实。

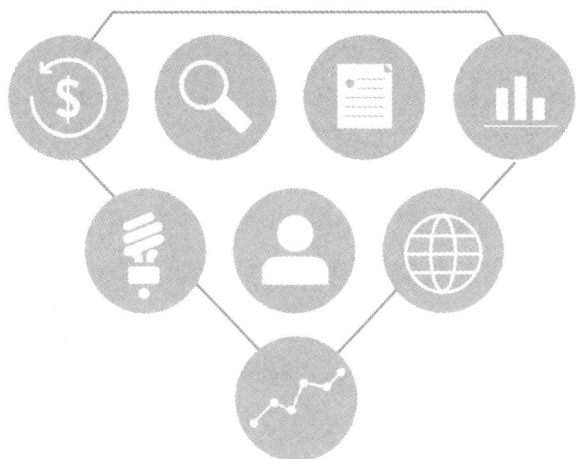

第六章

银行精益服务永无止境

　　我国银行业已经在服务质量标准化的管理基础上，进入了客户细分与差别化服务的时代，领先银行已开始向更主动、更精准、更便捷、投入产出效率更高的精益服务迈进。在理念上，银行机构要真正做到以客户为中心，应该从结果导向的客户满意度管理，升级为过程导向的全面客户体验管理。

　　在此背景下，应当以客户为中心构建精益服务长效机制，将持续改善服务质量作为各银行机构的工作重点。一方面，通过充分激发全行员工的热情和智慧，把以客户为中心的理念，真正变成提升客户体验的实际行动；另一方面，把持续改善服务质量作为一种管理机制甚至企业文化，让客户、产品、渠道、流程等精益服务要素持续地、无缝衔接地流转起来。唯有如此，精益服务本身才能凸显出持久的、深刻的战略力量。

　　在可以预见的未来，银行业的精益服务将出现具有鲜明数字时代印记的典型特征：客户划分越来越细，银行产品定制化呼之欲出；沃客、威客和产品工厂将助推产品开发敏捷化；渠道变异速度加快，推动银行前台数字化；后台操作和管理集中，运营简约化走向深入等。在这些特征背后，大数据无疑是最大的驱动因素。

第一节　"以客户为中心"构建精益服务长效机制

　　以客户为中心持续改善服务质量，已经成为当今银行业的共识。但在实践中，如何让以客户为中心的理念变成商业实践，真正落实到精益服务之中并对银行业绩产生实实在在的贡献？如何在了解客户满意结果的基础上，真正提升客户体验的管理水平，并最终提升客户满意？银行业继续思考和提升的空间依然很大。

一、构建精益服务长效机制是为了提升客户体验

客户满意是衡量银行客户服务质量表现的晴雨表，在客户最关心的方面达到超过竞争对手的客户满意度，是提升银行服务竞争力的关键。所以，提高客户满意度无疑应当是构建精益服务长效机制的重要目标。

国内外银行业的长期实践表明，"客户"是银行的长期资产，"服务"是在认识和适应客户需求规律基础上的价值创造活动，"质量"是完成服务价值创造活动的投入产出效率要求，"客户满意"则是衡量银行客户服务质量表现的晴雨表。

尽管近年来我国银行业在服务上取得了长足进步，但相比于市场需求和客户体验，还有很多服务细节亟待优化，价值创造活动的质量和效率仍待提高。

一方面，提高客户满意度需要全行各级管理人员转变观念，拿出专门时间来直接体验产品服务的质量状态，亲自接待和听取客户意见，带头研究解决产品服务质量的相关问题，建立客户分层、渠道分类基础上的服务标准化系列。

另一方面，需要发动全行员工的群体智慧，为改善客户服务献计献策，需要在加强履岗能力培训、服务标准执行检查、客户满意度监测考核的基础上，充分发挥广大员工的主观能动性和创造性。

而在改进服务的过程中，银行机构的每一个产品、每一个系统都可能出现问题，旧的问题解决了，新的问题又凸显出来。所以，提高客户满意度的关键在于能否主动持续查找问题，持续优化服务流程，保持更主动和更高的投入产出效率。

一方面，通过优化流程解决全局性服务质量问题。例如，对于客户反映较为强烈的业务开通办理手续烦琐、耗时过长问题，网上银行产品同步部署和信息服务问题，电话银行首次呼叫接通率不高问题，

个人贷款全流程精细化管理问题等，都需要通过优化流程改善客户体验。

又如，为尽快提升客户投诉处理效率和问题解决率，需要进一步梳理、优化客户投诉处理流程、责任体系和信息系统，健全对客户投诉发生、处理和问题解决情况的全面监测和考核机制，建立动态更新的客户投诉处理解决预案；同时还需要对投诉信息进行分析，使投诉信息成为发现问题和流程优化的线索。

另一方面，通过优化流程赢得服务质量同业领先。随着个人银行业务量的持续增长，一些分布在一线城市商业区、商务区和生活区的营业网点，其客户服务需求特点各有规律，需要制定针对性和精细化的服务管理策略；对于高端客户需要更精准的细分，针对其需求特点采取事件式营销和顾问式销售等更主动和更智慧的服务，通过提升服务流程能力兑现银行品牌承诺。

不管是深入体验分析、重视解决产品服务质量问题，还是主动查找问题、持续优化流程，都源于"提高客户满意度是一个长期的动态过程"这一事实。因为客户市场的需求在不断变化，客户对银行服务质量效率的要求不断提高。

近几年的一些变化尤其值得关注。比如，关于个人理财、贷款的金融监管规则日趋细化，政府部门持续探索与扩大内需相关的金融消费政策优惠，电子支付为跨越时间和空间的价值交换提供了越来越多的路径选择，各类网络和社会组织衍生出很多新兴客户群体，等等。

这就要求银行机构必须持续提高价值创造能力和客户满意，借助客观的市场调研和科学的研发实验，在吃透市场和客户需求的基础上，不断创新以客户生命周期为特征的智能化、组合化、定制化金融服务模式，深入研发搭建集合消费、结算、信贷、账户和信息服务等多功能的金融服务平台。

正因如此，国内的商业银行必须对改进客户服务体验和创新产品服务常抓不懈，充分运用客户之声调查工具，使创新产品的权益设置、增值服务、售后服务等符合目标客户群体的需求特点，使服务质量控制关口前移到研发设计阶段，使各项产品服务做到因时而变且稳定规范。

总之，银行客户服务品质没有最好，只有更好，提高客户满意的征程任重道远，永无止境。只有充分调动每一位员工的主人翁精神，将高标准的质量要求自觉、主动落实到服务客户的所有环节和客户体验的关键时刻，建立持续改进、追求卓越的长效机制，才能跟上消费者需求的变化，打造令顾客满意的金融品牌！

二、确立过程导向的客户体验管理理念

要想实现以客户为中心，做到真正的客户满意，就必须在理念实现突破，即从以关注结果为导向的客户满意度管理，升级为以关注过程为导向的全面客户体验管理，最终确立"客户体验品牌化，品牌承诺体验化"的精益服务理念。

1. 从客户满意管理到客户体验管理

如果说客户满意是目标和结果的话，那么客户体验则是手段，也即实现客户满意的生动消费过程。有关客户满意和客户体验之间的关系，若从静态视角看可以用一个公式表示：客户满意度 = 客户体验 - 客户期望（见图 6 -1）。

其中，客户体验是一个融合了客户习惯的消费感知过程，客户满意度是对体验结果的综合度量（比如包含了竞品比较）。从静态视角看，客户期望由客户需求和客户人群特点决定，它与客户满意成反比，企业可以通过控制客户期望来实现更高的客户满意度。

企业不可能仅通过控制客户期望来提升客户满意度，提升关键触点的客户体验并超越竞争对手应该是企业的永恒追求。从动态视角看，

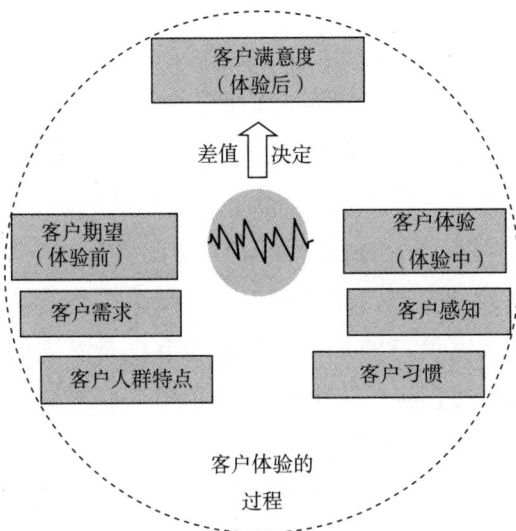

图 6 - 1　客户满意度和客户体验的关系

每一次客户体验结束后，都会对品牌印象和客户忠诚产生影响，进而影响下一次体验前的客户期望。

通过上述公式可以看出客户体验的重要性。2013 年甲骨文公司发布的针对全球各行业 1300 余名企业高管的《全球洞察——制胜客户体验时代》报告显示，企业高管普遍认同客户体验对于企业发展至关重要。其中 93% 的高管认为，改进客户体验是其所在企业未来两年的三大首要任务之一；97% 的高管相信，提供卓越的客户体验对企业的业绩表现至关重要。

2. 客户体验品牌化，品牌承诺体验化

关于客户满意度管理的理论与实践，也在不断发展并呈现出了日益丰富和深化的特征。20 世纪 80 年代，主要讲客户满意；20 世纪 90 年代，开始讲客户忠诚；现在则开始强调客户体验和客户关系。不过在尼尔森看来，在不远的未来，将出现客户体验与品牌相融合的新趋势，即"客户体验品牌化，品牌承诺体验化"。

"客户体验品牌化，品牌承诺体验化"理念是从重视客户满意管理到重视客户体验管理，再到重视客户体验品牌化的结果。只有将客户体验上升到核心战略层面，企业才会将客户体验看做是一种品牌表达。

当企业长期直接专注于提供品牌化的客户服务时，它会让每一个接触点均反映品牌承诺，让品牌承诺体现在所有的内部政策和程序，为所有员工提供量身定制的品牌教育。其结果可能是高比例的品牌忠诚者和拥护者，高度参与的工作人员认为自己是品牌的主人翁，客户觉得与公司具有情感连接，甚至品牌资产和利润的显著增长。

以某银行电话中心为例，其品牌承诺是"便捷、高效、友善、有趣"，那么该如何通过电话中心的服务体现出这四个品牌承诺关键词呢？它可能通过以下举措实现：

- 24 小时可以接听客户电话（便捷）；
- 可以在 15 秒内接通人工服务（高效）；
- 客服代表可以很快地理解客户问题并提供解决方案（高效）；
- 客服代表热情友好（友善）；
- 在等待过程中，播放笑话或轻松的音乐（有趣）。

同样道理，在其他触点上也应该通过相应举措让客户得到恰如其品牌承诺的品牌体验。这些体验最后作为一个整体和结果，就是"客户体验品牌化，品牌承诺体验化"了。

我们也可以用市场研究手段对品牌承诺与客户体验之间的关系进行度量。以渠道体验为例，可以列出品牌承诺在渠道上的传递矩阵（见图 6-2），而后根据客户对各渠道的接触率和频次设置权重，计算每个品牌承诺体验化的总体情况。同样，根据各品牌承诺对客户品牌选择的驱动力，也可以计算出每个渠道体验品牌化的总体情况。

客户需求与体验是"以客户为中心"的银行战略转型的核心，驱动现代化银行运转，以客户为中心就是"以客户需求和体验为中心"。

	网点	网上银行	手机银行	电话中心	自助设备	广告宣传	口碑	总体
便捷								
高效								
友善								
有趣								
总体								

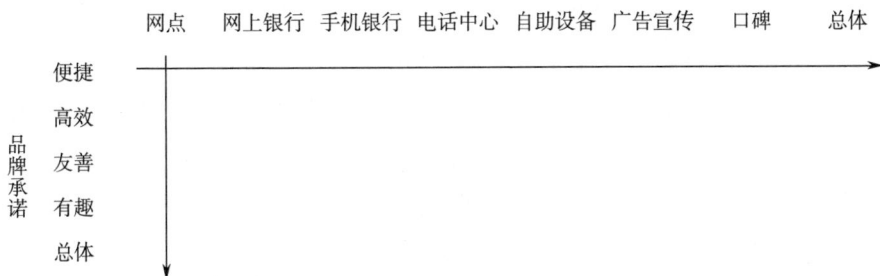

图6-2　品牌承诺在渠道上的传递矩阵图

一方面，客户需求与体验应该是银行产品创新、界面优化与流程再造的灵感源泉。另一方面，客户需求与体验也应该成为验证银行产品创新、界面优化与流程再造的重要标准。

三、建立精益服务长效机制的闭环流程

目标明确了，先进理念有了，那么银行机构该如何贯彻理念、达成目标呢？那就是建立精益服务提升的长效机制，也就是建立流程、标准、体验一体化的银行服务质量管理长效机制。

具体来讲，就是银行机构通过不断优化服务流程，健全服务标准，来改善客户体验，最终实现提高客户的满意度和忠诚度，促进现实和潜在银行效益增长的目标。而且，这个精益服务长效机制还应该是一个不断循环和持续上升的闭环管理过程（见图6-3）。

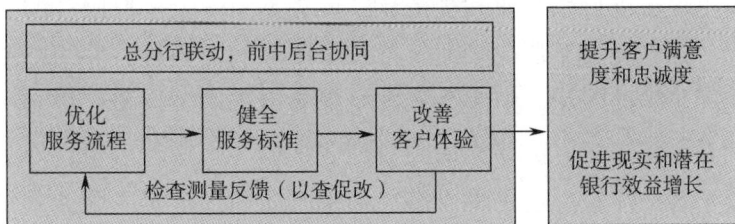

图6-3　银行服务质量管理长效机制

以银行营业网点服务质量管理为例。营业网点服务质量被各银行机构认为是银行服务质量改进的重点领域。近年来，国内银行都在不遗余力地推进网点转型和布局优化，总的趋势是按照以客户为中心的理念，通过优化服务流程、健全服务标准来改善客户体验，降低服务差错率和客户流失率，提高客户再购度和推荐度，进而提高客户满意度和忠诚度，促进现实和潜在银行效益增长。

这种趋势的根源在于在转变经济发展方式的大背景下，客户服务质量的银行同业竞争日趋激烈，客户对银行服务质量效率要求不断提高。就银行营业网点的服务质量管理而言，欲建立精益服务长效机制，需要持续做好五个领域的工作。

1. 优化服务流程

服务流程是链接产品、渠道及其服务的客户和银行价值创造平台。只有根据客户体验反馈，持续优化服务流程，不断提升服务营销的主动性、精准性，改进服务受理、服务开通和售后服务的便捷性，才能促进网点转型进一步由表及里，服务质量才能不断精益求精，客户满意度和投入产出效率才能超越同业。

2. 健全服务标准

健全服务标准就是要将承载在营业网点服务流程中的各项服务内容及质量要求进行系统化和规范化，形成不同岗位客户服务的"规定动作"手册，通过手册化管理保持基本服务的一致性，并跟随服务流程优化同步扩展深化。但服务标准对提升网点服务质量、提高客户满意度的效果和效率，需要返回到目标客户群体中进行考量，即是否有助于改善客户体验。这是将以客户为中心的理念落实于服务质量管理的内在要求。

3. 改善客户体验

在改善客户体验环节，根据客户细分后的目标客户群体需求提供差异化服务体验，是零售银行业务发展的又一趋势，也是深化银行营业网点服务质量管理的目标。

要持续改善客户体验并使之形成对服务流程优化和服务标准构建的正反馈，应首先基于接触点效应有效测量客户体验。

其实客户体验广泛存在于银行营业网点、自助银行、理财中心、财富中心、私人银行等传统服务平台，以及电话银行、手机银行、网上银行、家居银行等新型服务平台的每一个接触点上。换言之，客户体验包含客户对银行机构的所见、所闻、所用、所感和所获的一切。

以作为综合服务终端（见图6-4），客户体验既包含对网点物理属性的感知，即外部环境、内部环境、自助设备等释放的网点形象和功能（如功能区分、现场管理和疏导）；也包含对网点服务属性的感知，即大堂经理、高柜柜员、客户经理等展现的员工行为规范（如职

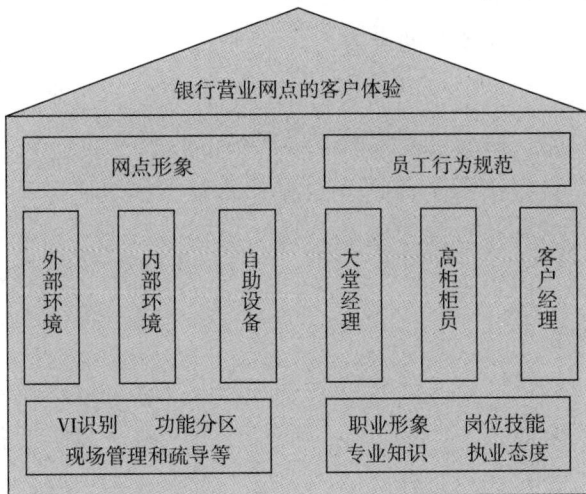

图6-4 银行营业网点的客户体验构成

业形象、执业态度）和专业能力（如岗位技能、专业知识）等。

要使差异化服务体验成为银行竞争优势，仍然需要按照客户分层、渠道分类的原则，基于接触点效应调查聚焦出客户体验驱动因素，并找到对应的、可测量的服务操作管理指标，将客户体验同业比较竞争目标转化设计为服务质量标准评估体系，并持续测量分析客户体验。

4. 定期跟踪，量化客户体验

通过定期跟踪和量化客户体验信息，并纳入营业网点的服务质量管理系统，可以帮助银行动态诊断影响客户体验的服务短板，从而形成对优化服务流程的正反馈。

国内外银行的长期实践表明，由独立于服务前台的服务质量管理支持部门建立服务质量检查标准，并组织神秘客户检查，是用于银行和同业竞争对手客户体验数据采集的客观有效方法。

5. 培养具有精益服务意识的员工

最后需要强调的是，引导员工在精益战略下为公司更加努力地工作，是精益服务成功落实的关键。

研究显示，如果仅仅增加新的银行服务项目，带来的服务满意度增加是很有限的，而通过改善服务表现获得的服务满意度则会非常高，员工服务好坏会直接影响到顾客的服务质量感知。所以，在以改善客户体验为导向提升营业网点服务质量的过程中，必须注重银行内部服务质量管理的"以人为本"，重视倾听员工的心声，及时了解一线员工对服务系统的意见。

要实现网点转型，人员的转型尤为关键。银行应强化培训员工的任职资格和履岗能力，让员工参与精益改进，赋予组织中各级员工技能和系统思考的方式，充分发挥广大员工对提升客户服务质量的积极性和主观能动性，建立理想的品牌服务文化，通过积极沟通和持续性创新，充分释放员工的创新活力，使以客户为中心的价值观发自内心地融会于员工面对客户的表情、眼神、语言和动作等日常服务行为之中。毫无疑问，只有努力造就一支充满激情和士气高昂的客户服务员工队伍，一个持续化、人性化的营业网点的服务质量管理正反馈循环才能有效运行，才有助于持续提升服务质量，改善客户体验，促进客户满意度、忠诚度和价值创造能力的持续提高。

我们生活在一个变化的世界，客户的需求和期望在变，客户体验在变，银行改进的重点也在不断变化。只有不断通过市场研究工具去深入理解客户的需求与期望，不断对客户在每个银行触点上的体验进行监测，不断对客户体验的结果满意程度进行度量，精益服务才能真正实现闭环管理和不断上升的过程。

银行以客户为中心，实际上就是以客户为产品创新、流程改善的灵感源泉，以客户为产品创新、流程改善效果检验的归宿，从而不断驱动银行战略和市场竞争力的提升。

第二节　打造数字化银行精益服务

我们不妨先畅想一下数字时代的银行服务：在互联网所催生的数字化生态环境里，银行可以通过各种数字化设备实时捕捉客户行为数据，再结合银行内部交易数据，进行综合挖掘分析。在此基础上，实现资源整合，为目标客户定制产品服务，实时地将适用的服务精准地推送给目标客户……

毫无疑问，数字时代大数据的价值将得到高度认知和充分发掘，并成为银行服务精益化的首要驱动因素，届时，银行精益服务将呈现出产品大众化定制、敏捷化开发、数字化前台和简约化运营等典型特征。这些典型特征也是银行人为之奋斗并希望早日达成的服务目标。

一、客户划分越来越细，大众化客户定制呼之欲出

随着定制化的发展，客户在享受了在网上定制个性化的耐克鞋，乃至定制捷豹汽车服务的同时，也必然希望这种随心所欲的自主产品配置和所见即所得的可视化性价比模拟，也能用于定制的金融解决方案。

比如在上海一次客户座谈会上，从一位女性客户的诉求中可以看出，她希望在二手房网站筛选房屋信息的同时，能够获得银行关于按揭贷款的线上咨询。此时试想这样一种场景是否可以满足她的要求：她在搜房网大量浏览二手房信息后，转而跳去银行网站查询账户信息，这时银行网页会弹出该行房贷产品广告，并根据客户浏览的二手房金额范围数据，自动给出几种分期贷款计划。

移动和社交技术以及随时随地获取信息的能力，正在推动消费者与银行打交道的方式以及他们所期望的服务发生显著变化：一是消费需求个性化、多样化；二是消费感知社区化、互动化；三是消费决策主动化。

在这样一个消费者深度参与、互联网生态环境的数字化时代，银行必须应对环境的变化和客户需求的变化，采用大规模客制化的思路，在成本与定制化之间寻找一个最好的平衡。

二、沃客、威客和产品工厂助推产品开发敏捷化

银行服务产品开发敏捷化有两个视角，银行外部客户参与创新和银行内部产品工厂化配置。

从银行外部视角来看，银行不能忽视互联网环境下的沃客（Work2.0）和威客（Witkey）现象，它们都属于银行与客户共同创新的产品开发敏捷化模式。

沃客是指通过网络方式形成的创新型服务交易市场。通过这个第

三方平台，企业、政府等组织和个人可以预先提出需求，通过悬赏征集个体工作者或团体，作者会出售自己的知识、创意、科研成果等，最后按照采纳的结果进行付费。

威客（Witkey）是沃客的工作主体，是一个智慧的角色，是在互联网上凭借自己的创造能力，以技能、知识、智慧索取报酬的人。

例如 InnoCentive（创新中心），作为世界著名的制药企业美国礼来公司的子公司，创立于 2001 年，总部设在美国波士顿，其名字取自 Innovation（创新）和 Incentive（激励）。在 InnoCentive 公司成立短短三年的时间里，其网站就已经取得了令人惊讶的业绩。网上公开的科研难题就有数千个，世界 125 多个国家的 2.5 万名科研精英注册，许许多多的企业在这里找到了它们梦寐以求的科研难题的答案。

互联网上整合公众力量的投行模式已经出现，例如 2009 年 4 月在美国纽约成立的 Kickstarter，作为一个创意方案的众筹网站平台，致力于支持和激励创新性、创造性、创意性的活动，通过网络平台面对公众募集小额资金，让有创造力的人有可能获得他们所需要的资金，以便使他们的梦想实现。

银行业也在执行类似沃客和威客的理念。比如，美国富国银行通过建立网银实验室，主动邀请客户尝试新产品和新功能，并鼓励客户分享他们金融产品的使用体验，在互动中共同优化新产品。

可见，沃客和威客带给银行的启发是，在产品开发过程中不但需要深入了解客户的需求，甚至可以更进一步，直接通过与客户互动共同开发产品。

从银行内部视角来看，产品工厂支持客户化定制。银行家普遍担心的是，一个银行的年度产品创新数量和速度要达到何种程度，才能适应互联网金融的进化速度，更何况系统林立、数出多门的 IT 系统模式本来就难以为继。

因此，银行的 IT 开发方式也必须转型。这种转型的基本模式是业务需求模型化和模型驱动开发。银行应当全面梳理业务和 IT 系统现状，建立包括流程模型、产品模型、数据模型和用户体验模型在内的企业级业务模型，将客户、产品、渠道这些变化最快的因素从流程中剥离出来，这样一方面可使流程更加稳定，另一方面也便于未来根据客户需求变化，灵活进行产品、渠道和流程服务组合。

只有实现了业务需求模型化、模型驱动开发的业务和 IT 转型，才能实现银行产品工厂支持下的客户化定制。也就是大部分产品创新可以进行组件和参数配置，或者组合配置，只有少量需要 IT 开发。

三、渠道变异速度加快，推动银行前台数字化

在银行服务渠道方面，感受最明显的就是渠道变异速度正在加快。近年来，互联网渠道创新呈现加速度趋势，例如博客、播客、微博、微信……使得金融服务的数字化前台不断延伸。

在匈牙利，荷兰全球保险集团（AEGON）拥有超过 200 万人的客户，但缺乏将老客户数据转换为有价值的交叉营销机会的能力。为了让客户真正识别到生活中的风险并购买适当的险种，AEGON 公司使用了统计学分析模型，获取大量客户数据并将生活场景与保险需求相互关联。随着客户资料和预测保险行为模型的不断丰富，业务部门可了解每个客户并提供保险营销，结果公司在营销汽车保险的同时，大多数客户也购买了相关的个人险种。

在银行业，前台数字化已经成为服务功能延展的新潮流，以位于社区中心的银行营业网点为源头，银行数字化营销借助于附行式自助设备、离行式自助设备、网上银行、手机银行等数字化设备，不断从内圈向外圈延展服务半径。

2012 年，在美国银行（Bank of America）的客户在 32 分钟内可以在手机银行上享受到汽车消费贷款的全流程服务，这不仅加快了客户购车消费决策，也促进了汽车经销商和银行业务量的同步增长。

在中国，2011 年，某商业银行在上海的百思买商场推出 30 分钟信用卡即时发卡服务，2013 年阿里巴巴的虚拟信用卡已经粉墨登场。

目前，已经有越来越多的银行借助微信实现各种账户查询、还款等服务，通过微信做社交金融，在朋友圈内不需要输入烦琐的账号就可以方便转账也已经得以实现。

随着移动互联网技术的发展，以及消费者数字化生活的深化，银行需要关注并且借力技术，给客户带来更好的服务体验。当然，这种服务的背后是精益服务理念的支持。

四、后台操作和管理集中，运营简约化走向深入

作为流程优化的一个重点，很多商业银行在推进前后台业务分离，操作运营集中，前台人员向营销为主转型，力主"能让柜员做的不让客户做，能让自助设备做的不让柜员做，能让后台做的不让前台做，能让总行做的不让分行做。"

然而，在互联网生态环境里，借助于云计算和影像传输等技术，银行花费不菲代价的运营物理集中，集中的应当是风险审核和处理等关键流程环节，一些分割成碎片级的文字或数据等录入工作应当使用人工智能技术自动识别处理或者交给外包商处理。

银行也可以在总部直接对分散在各分行的柜员进行任务分配和劳动组合管理，实现虚拟运营集中。这在利率市场化时代即将来临，利差缩小对成本控制提出更高要求的新形势下，其战略意义更加凸显。

互联网生态环境下的银行业务组件化、参数化程度更高，使得银行参数管理集中成为运营简约化的重要任务，但是一些银行内部对参数的内涵和外延定义不清往往人为增加了管理复杂度和操作出错率，根源在于将本来纯属于 IT 范畴的参数被误解为所谓"业务参数"。

一种典型的错误定义是："参数是指在业务处理过程中，对处理规则起控制作用的常量或变量数"。这个概念还是容易让人理解与业务变

量混淆，合理的定义是"参数是在系统中，对业务处理规则起控制作用的系统中的常量或变量数"。

与此同时，需要建立全行统一、分条线、适度集中的参数管理体系。一是公共参数由全行集中统一管理，统一数据标准、统一变更流程、一点发布、同步更新；二是纵向集中，随着系统研发不断向总行集中，参数管理从分行向总行集中；三是横向集中，随着系统开发从部门级向企业级的转变，参数管理与系统研发管理同步集中。

所以，要适应互联网生态环境下的行业竞争，业务模型水平高低及其应用能力就应成为衡量银行产品服务进化能力的基因。根据对业务流程的模型化梳理和客户体验分析评估，决定进行哪些基因重组。业务需求模型化和模型驱动开发，是互联网生态环境下客户化定制的前提，这也是互联网生态环境下快速创新和精益服务的必由之路。

五、银行业的大数据应用与尼尔森的探索

大数据对今天企业（包括银行业）的商业行为都产生了诸多影响，正在深刻改变着今后的商业格局。在银行业，大数据为精益服务提供了无限可能。

1. 银行业在精益服务上的大数据应用

在大数据时代，企业通过将线下交易与互联网结合，使互联网成为线下交易的前台，实时获取客户的交易信息和偏好数据，进而实现对单个客户的精准营销。

大数据对今天企业的商业行为产生诸多影响。比如，作为知名零售企业，Bestbuy 公司需要优化其巨额广告投入预算，精确定位广告投向的客户群，以期获得最大投资回报。该公司使用称为"客户基础"的高级客户行为分析数学模型，在将客户分为不同的行为群体的基础上，从多维度描述客户的购买动机、行为特征或反应。通过假设和情

景模拟，此模型可更准确地预测客户的购买行为，在降低广告预算的同时，提高了广告的针对性和客户的忠诚度。

在银行业，大数据同样为精益服务提供了广阔空间。

比如，大数据应用于跨渠道客户洞察和产品创新。通过大数据的收集和分析，感受和体会用户的需求，并设法提前感知客户的意图，提供对应的策略来满足需求，以此来改进客户体验。

比如，大数据可以准确配置相应的服务和产品。记录客户在各个渠道的行为和接触信息，在渠道间共享，避免过度接触。增强网点体验效果，利用客户在社交媒体、网络等电子渠道的行为活动和言论情况，提前预知其接触具体网点的动机，从而预先配置相应的服务和产品。

比如，大数据有助于合理配置渠道资源，按照客户类型细分和喜好特点，针对不同渠道投放有针对性的产品和服务，降低渠道运营的成本并提高效率。大数据还可以加速渠道间的同步速度，如客户修改其相关信息，通过大数据的技术手段，做到接近于实时的渠道协同体验。收集客户体验及需求，指导新产品研发和创新。

比如，大数据可以应用于精准营销。信用卡精准营销，捕捉信用卡交易并识别客户位置，根据客户信息和倾向导出最合适的下一笔推荐，基于客户位置评估推荐，通过手机短信向客户做推荐，分析客户的接受/拒绝的反馈，在接受/拒绝基础上丰富客户倾向信息。

银行基于本行开办电商平台的大数据挖掘，从 X 供应商交易报告发现其产品账期过长，有回款压力，所以通过电商平台向 X 客户推荐供应链融资产品。银行提供分析报告给供应商，告知 M 消费者对 Y 商品的尺寸颜色和价格有不同偏好，商家进行客户化定制化生产，扩大商家业务量，带动银行金融产品销售。

比如，大数据可以应用于风险内控。识别欺诈性活动，结合交易日志、商户信息、地理位置信息等防止信用卡盗刷；结合外部数据

（如健康、财务、人际关系、社交媒体）来防范保险用户骗保。建立反馈循环，整个诈骗过程中自动检测，分析和标记潜在的欺诈活动，使用先进的分析方法对活动进行分类，对风险进行预期（根据收集的数据，欺诈的可能性，索赔金额，通话类型，风险和历史索赔）。为了顺应精益服务的要求，尼尔森也正积极探讨采用大数据挖掘分析技术，支持银行精益服务的实践。

2. 尼尔森在大数据应用上的探索

目前，在大数据应用方面，尼尔森已经有能力对海量的互联网社交媒体口碑进行数据收集和分析，回答银行在中国排名前 1000 位的网站，各主流博客和微博中有多少是该银行的讨论，讨论是正面、中性，还是负面，讨论的主要话题具体有哪些，等等。这就让银行可以听到客户已经在传达的声音，并使之成为精益服务发现问题和进行优化的起点。

尼尔森还可以利用人口普查大数据与商业数据相结合，帮助银行更好地锁定特定产品的目标客户群，不但可以利用多个打通的数据库对该人群进行详细和全面的描述，甚至还可以利用地图信息，直接在真实的地图上向银行展示不同人群的分布特点，支持银行精益服务的真正落地，把不同的服务在物理区域上与对应的客户群做更好的结合。

尼尔森在积极探索触点客户体验研究的自动化客户反馈收集技术，提供银行在特定触点用低成本收集大量客户反馈数据的能力，未来的客户满意度将从让一个客户回答多个触点的方式，变为每个触点都有大量数据进行支持的更为精准的度量方式，并且这种方式可以让我们更好地看到客户满意背后的原因，并进行更为深入地诊断和帮助银行产出能够落地的行动方案。

毫无疑问，大数据正在改变银行的商业行为，同时也在改变市场研究行业的数据收集方式和分析逻辑。从趋势上看，大数据将比目前的抽样调研数据更为精准，对银行精益服务的支持也将更为细致和精确。

第三节　畅想 BANK4.0：情景化金融服务时代

当前，直销银行和新兴互联网金融机构从传统银行争夺客户和资产的竞争已经热火朝天。

据某知名咨询公司 2015 年 1 月 9 日发布消息，该公司 2014 年对中国 3500 名零售客户的调查显示：逾七成的中国消费者会考虑开办纯互联网银行账户，近七成中国消费者会考虑将纯互联网银行作为其主要银行。

这些是否在印证 Brett King 在《BANK3.0：银行转型未来式》一书中预言的数字化银行市场格局演变态势？如果从"价值定义""价值制造""价值交付"三个维度来看，Brett King 在《BANK3.0：银行转型未来式》一书中花了约 70% 的篇幅在阐述"价值交付"，重点突出了渠道客户体验，约 30% 的篇幅在阐述"价值定义""价值制造"。

而事实上，无论对于新兴互联网金融，还是对于传统银行数字化，均需要在价值定义、价值制造、价值交付三个方面各倾注约 30% 的精力，这正是 BANK4.0 时代所有银行需要做的事情——提供情景化金融服务。

以向客户推荐产品为例来看，"实时推荐"和"过时推荐"相去甚远！设想一下，当客户刚购买了一笔收益率为 5% 的理财产品，客户经理随后不久就向客户推荐一笔收益率为 5.2% 的同等类型理财产品，这种"过时推荐"会使客户高兴，还是生气呢？

很显然，BANK4.0 时代的"价值交付"模式并非"银行服务无处不在"，而是"银行服务适时而在"。BANK4.0 时代，情景化金融服务将同样改写银行业的"价值定义"模式和"价值制造"模式。

一、情境化金融服务的本质就是成为"实时智能银行"

BANK4.0时代所应形成的"情境化金融服务"新生态，是金融机构在智能分析基础上实时感知和响应客户需求的新生态，是一个对客户而言简化其表、对银行而言精密其中的新生态。下面这个包含了"实时"和"智能"情境化服务的案例便能说明问题：

当一个小企业主在银行网站上搜索助业贷款时，银行网站上的"虚拟客服"马上弹出询问是否需要提供帮助，与客户确认了其所关注的商业贷款品种之后，立即为他预约了网点面商时间；

客户次日如约来到网点，客户经理借助谷歌眼镜立即识别出客户，热情引导至洽谈室，因为银行事先已经通过客户订票交易发现客户有旅行计划，所以客户经理先向客户推荐了免费的旅行信用卡，客户很高兴；

客户经理接下来与客户交谈了解了贷款目的，综合银行事先推送到PAD的客户个人财务状况和信用评级得分等资讯，帮客户选定一种创业贷款，2年期30万元，现场获得客户同意后，通过PAD实时连接风控系统当即获批这笔贷款并与客户现场签约；

客户经理根据客户这笔贷款以及历史消费的综合积分以及客户对喝茶的爱好，吸收其为普洱茶品鉴会新会员，客户可每年获得5次免费参加品茶讲座优惠，提升了客户对银行的忠诚度；

客户离开银行网点前从手机看到了30万元资金已经到账；客户经理下班前从PAD上看到了当前营销服务获得的业绩。

从这个故事中大家也许能体会到何为"实时"。也许大家会有疑问："实时智能银行"是否会要求所有服务流程步骤都要"实时"的呢？这成本会不会很大？其实不必担忧。

"适时客户体验"要求的是智能分析基础上适时提供"实时"响应，也就是必要时提供"实时"能力。例如根据客户去新加坡国际旅行资讯为其推送信用卡临时调额，这个调额动作需要根据"实时"捕获的信息立即办理，而调额所依据的客户资信评级等信息是不必线上"实时"评价的，而是取自线下事先存储的客户统一视图资讯。

那么"实时智能银行"又是如何实现"智能"的呢？

首先，银行需要720°客户视图。其中第一个360°视图是静态存储的客户信用状态、客户生命周期状态、产品持有状态等银行内部资讯。第二个360°是动态捕获的客户位置、与客户需求相关的事件、商机等外部资讯。在此基础上进行预测性分析，也就是"实时智能银行"的"智能分析"。

其次，银行需要为"智能分析"建立一系列商机捕捉或风险预警规则。例如，将"当客户在超出飞机所需飞行时间的两个城市分别连续刷卡支付"作为触发预警规则，将客户"代发工资卡"频繁向行外转款列为需采取挽留措施的触发商机规则。

银行一般是根据概率模型等相对简单方法进行预测分析，然后按照预测规则向客户推介，根据客户反馈优化预测模型，而不是根据例如神经网络模型等复杂方法进行预测分析。通过训练不断类比这种分析模型，不断提高预测准确率，银行的"记忆—预测框架"成熟度就会不断提升。

二、情境化金融服务的"价值定义"模式

有一句古语："深处种菱浅种稻，不深不浅种荷花"，可以较为形象地阐释因地制宜、应需而为的情境化金融服务"价值定义"特点。

"价值定义"绝非指"王婆卖瓜、自卖自夸"，而是银行根据客户需要定义产品服务，即产品或组合创新需得到目标客户认可；也可以是客户个性化定制，银行及时感知和响应。

其中银行产品大众化客户（包括个人和小微企业）定制一般是开放部分产品条件或参数的可选择性定制，而对于私人银行客户和大型

公司机构客户应能完全根据客户需要进行专属化定制。

目前新兴直销银行和互联网金融机构盯住的是 70 后、80 后和 90 后零售金融客户，而这些年轻客户对于衣、食、住、行的同质化服务已经像女士对于"撞衫"一样厌烦。从某股份制银行披露的直销银行 2014 年数据看，从开户量来看，80 后是主力军，达 42.36%；从资产持有量来看，70 后是主力军，达 34.38%。

所以，为了使高净值客户的资产持有量比例追上开户量比例，新兴直销银行和互联网金融机构下一步可能会是提升有吸引力的产品服务组合能力，以及金融产品个性化定制的响应能力。其实，蚂蚁金服在前年就已经开始从单纯的"余额宝"转向创新根据客户分群定制的"招财宝"。

对于情境化金融服务的价值定义模式而言，意味着比过去更敏捷的产品创新能力。情境化金融服务价值定义模式的特点是产品快速创新，其实现有赖于银行产品工厂的落地。

从产品工厂来看，目前有五种级别不同的成熟度，各大厂商提供的软件包主要是产品配置功能，并未将产品研发流程纳入其中，因此成熟度分布于 1～3 级。要实现对情境化金融服务创新的支撑，成熟度至少要达到 4 级。

第一代的成熟度最低，主要特点是单一维度的参数，在这种配置模式下，产品创新的影响是"牵一发而动全身"，一个产品参数的调整、增减往往导致整个系统的重新开发、配置及测试。

第二代和第三代引进了产品模型的概念，实现了比第一代更灵活的配置方式。其中，第二代更多表现为静态的产品模型，可以将产品规则调整的影响限定在一个组件内部，但仍需进行 IT 开发。第三代的特征是动态产品模型，可以实现动态增加产品条件，而不需或大幅减少 IT 开发成本。

第二代和第三代的产品工厂存在的不足是，没有形成统一的产品

"百科全书"，主要与银行核心系统绑定，仅仅停留在产品配置层面，而没有考虑对产品研发流程的支持。目前市面上能购买到的银行核心系统软件包基本上处于第二代或第三代。

第四代和第五代的产品工厂的主要特征是将产品创新流程与产品工厂衔接，形成更广义的"产品工厂"，采用组件化的方式与产品服务衔接，实现更加灵活的快速创新和客户化定制。

与第四代相比，第五代产品工厂中产品创新流程与产品模型的结合更加紧密，产品创新流程的成熟度更高，特别是其组件化的特征，使得"产品工厂"具有更高的开放度和适应度，能更加便捷、灵活地与银行内部核心系统以及外部网络、电商网络、物联网等平台衔接，支持嵌入企业客户价值链和个人客户生活圈的沁润式金融服务推送，以及客户化个性化定制。

同时，通过与其他业务组件的无缝衔接，使得客户在确认定制产品后实时得到其定制产品的综合动态定价，方便客户在线上签约后得到按时交付的银行产品服务，从营销或合约组件自动记录的产品信息在线上流转到结算和核算组件，这一切的定义和传递都应该是具有敏捷性的。

从事过敏捷开发的人士应该知道，敏捷开发的精髓在于使用"用户故事"描述需求，需求"定义"的过程也是"价值"重申的过程。以价值优先级驱动 IT 设计和实施流程，这直接意味着使研发敏捷起来具备了基础条件。其中耗时耗力最多的不是每一个团队 IT 开发迭代本身，而是迭代开始之前的，业务需求结构化梳理和拆解，对应于某一迭代团队的用户故事及其需求条目关系的界定。其实市场上已有大型互联网企业在做跨事业群解决方案的时候，也因缺乏标准的敏捷太多，竖井系统太多，遇到了整合难度过大的困扰。

对于构建了企业级业务模型的金融机构来说，流程就是企业的DNA，很容易利用已经架构化好的业务模型拆解业务事件，连同事件触发的，能独立创造价值的流程活动，而且基于业务模型对照价值交付目标，与其他敏捷团队灵活对接合成；同时业务模型的业务事件和活动工作流，也有助于转化为敏捷开发测试所需情境化金融服务案例。

不过敏捷开发仅适用于现有系统的局部改造，而对于"史诗级"故事图谱的端到端流程改造，以及提升大型转型项目群 IT 开发的敏捷性，则需要依托基于企业级业务模型的架构管控。

三、情境化金融服务的"价值制造"模式

情境化金融服务的"价值制造"模式意味着高灵活性、低成本、敏捷的产品服务实现能力。

在"价值制造"上，目前银行业的现状是很多业务实践是按业务条线划分的相对孤立模式，IT 系统也是按条线或者按系统环境相对割裂的，很难在企业级视角支持更高的灵活度，很难快速响应数字化、网络化时代客户需求的变化。

向数字化银行超级客户体验转型方向是，在产品服务市场方面构建统一客户、产品和渠道视图，建立基于事件的情境化交叉销售和提升销售，以及实时匹配的动态定价能力；在提高运营效率方面建立 24 小时 365 天服务体系，面向服务的组件；在业务模式方面构建产品工厂和统一会计引擎等。整体上，大多数银行向数字化银行超级客户体验转型需要经历四个阶段（见图 6-5）。

那些没有系统转型负担的新兴互联网金融企业可借助直接采用新技术和从市场上直接挖人才，快速进入第 3 阶段组件化。与之相比，传统银行转型很难一蹴而就。大部分传统银行仍处于第 1 阶段"竖井式"业务模式和系统能力，在不断扩展业务自动化程度和渠道同步部署能力；有的金融机构已经在进行第 2 阶段的企业级 C + C'数据整合；很少有金融机构已经进入第 3 阶段组件化业务系统；更少有金融机构已经进入第 4 阶段与高度互联世界虚拟化链接的架构灵活整合

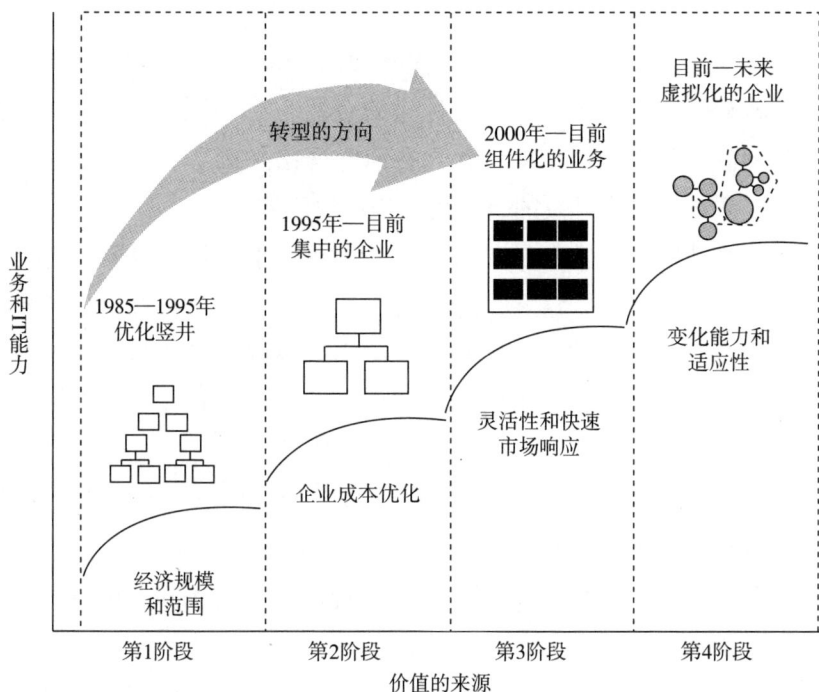

图6-5　银行向数字化银行超级客户体验转型的四个阶段

能力。

　　第3阶段到第4阶段的差别，在于从"静态的"预先定制好的业务和IT系统能力步入"动态的"、支持客户化定制的、灵活应需而为的业务和IT系统能力。

　　进一步来说，第4阶段这种"动态的"能力在于客户可随时定制，系统能立即支持，并且实时链接动态定价，以及服务流程高度优化。其核心特质在于可跨企业价值链、跨产业价值网整合响应能力的动态获取，这需要在彻底的"以客户为中心"弹性边界、无缝链接的企业文化氛围下，包括组织、流程、IT在内的一体化业务体系适应能力，才能支持实现基于互联网和物联网"高度互联世界"的情境化客户服务体验。

在第 4 阶段提及的虚拟企业（Virtual Enterprise），主要是指当市场出现新机遇时，具有不同资源与优势的企业为了共同开拓市场，共同对付其他的竞争者而组织的、建立在信息网络基础上的共享技术与信息，分担费用，联合开发的、互利的企业联盟体。

虚拟企业的出现常常是参与联盟的企业追求一种完全靠自身能力达不到的超常目标，即这种目标要高于企业运用自身资源可以达到的限度。因此企业自发的要求突破自身的组织界限，必须与其他对此目标有共识的企业实现全方位的战略联盟，共建虚拟企业，才有可能实现这一目标。

近几年来云计算、大数据分析、移动、社交（CAMS）和物联网（IoT）等新的技术浪潮很大程度上促进了虚拟企业条件成熟度的提升，例如"开放银行"（Open Bank）将应用程序接口（Application Program Interface，API）开放给合作伙伴的模式。

银行机构为了整合服务价值链和产业价值网提供情境化金融服务，可能采取跨界"竞合"（Co‐opetition）商业模式，逐渐演变为主要依靠 APP 与客户互动，其服务流程是 API 式的。例如百度发布地图 API，快的和滴滴打车利用这个 API 来服务于打车的需求。这意味着银行化身为移动网络上的元件化 API，银行不仅透过 API 把自己加在那些很酷的业者 APP 中，同时也意味着把银行自己的系统开放出来，供市场参与者嵌入其产品服务。

实际上，受到数字化的影响，一些数字化实践市场领先的银行业务已经开始从"垂直整合"端到端流程模式转向为客户可自行个性化组合的"水平整合"流程模式，银行服务成为随插即用（pluge‐and‐play）的大拼盘，提供包括支付服务 APP、资产负债表 APP、现金流 APP、预算 APP 和防欺诈 APP 等在内的，可随客户需要灵活组合的"银行即服务"（Banking‐as‐a‐service）模式。

需要注意的是，提供"银行即服务"能力的前提是成为"组件导向银行"（The component-base bank），而成为"组件导向银行"的基础是企业级业务模型建设、管理和应用能力。

API 说明了银行的主要能力是什么，APP 说明了银行经营的服务范围有什么。前者可以被别人整合，后者是整合别人。API + APP 是一个组合，移动金融和物联金融的竞争实质就是这两者的发展竞争。谁的 API 能力强，整合得好，谁就会被其他领域整合得越广，成为社会服务的关键供应商。谁的 APP 越多，说明他的产品差异化越好，就可以在树立了以客户为中心的同业竞争优势。API 是站在客户视角定义服务能力，业务组件是站在企业视角定义业务能力。

具备业务模型驱动 IT 开发能力的银行，也就具备了提供"白牌"系统给银行同业使用的能力，这相当于不仅是靠金融服务赚钱，还能靠"银行业务架构、业务模型知识"和"银行 IT 外包服务"挣钱，而且还能更快收回本行 IT 开发成本。例如 2014 年花旗银行在向银行同业大力推销其 API + APP 与其他服务；中国蚂蚁金服声称已经采用 API + APP 方式为华北的某小型商业银行提供了手机银行 IT 外包服务。

基于这种开放式银行潮流，IT 开发"走出去"成为其他银行的科技供应商，与将外部科技爱好者"请进来"参与移动应用编程同时在发生。

例如，一家美国排名前 5 位的银行在互联网上发布广告，举办设计编程大赛，吸引对银行软件开发感兴趣的第三方跨界企业和个人参与，原计划花费 2000 万美元用 18 个月时间完成的 15 款移动 APP，实际仅用了 6 个月，同时交付成本大幅下降。

又如，西班牙的 BBVA 银行与谷歌一起举办编程大赛，邀集 19 个国家的 800 多位编程者参加内部职员移动应用开发，使用谷歌的 API，节省费用 300 万欧元。数字世界使用 APP 变化很快，有时候银行开发出来就已经过时了，所以开放银行和 API 模式日益引起重视。

　　总之，无论是新兴金融机构还是传统银行，唯有懂得把自己融入实时、智能感知价值链的银行，即善于利用资讯勘探来提供预测式、主动化、近端感测金融服务的银行，才能攻占情境化金融服务的滩头堡。

　　传统金融机构通过自身努力，主动转型为能以可接受成本提供情境化、普惠化客户体验的"实时智能银行"，总好过被动地被"倒推"转型。同样，新兴互联网金融机构，若未能充分学习汲取业界长期积累的、基于"业务基因组图谱"风险回报管理能力和"记忆—预测系统"能力，并能守正出新，能否构建"实时"加"智能"的可持续竞争优势也未可知。

后　记

以客户为中心任重而道远

　　以客户为中心和创造卓越的客户体验已经成为中国银行业的共识，但在商业实践上，以客户为中心的思维方式如何真正落地却仍面临挑战。从总行到分行，银行领导的业绩压力都很重，打造卓越客户体验这件重要但不紧急的事情往往难以真正排上日程。

　　让我们透过纷繁复杂的银行业，回顾这个行业的三个本源问题。第一，银行业的业绩从何而来？银行业的所有业绩无疑都来源于客户。第二，银行业的产品是什么？千万种产品回归根本都是金融的解决方案，帮助客户解决他们在商业和生活中面临的金融问题。第三，银行业的竞争是什么？说到底，无一不是对客户及其客户钱包份额的争夺。当我们真正静下来反思这三个本源问题的时候，才发现客户都天然处于问题最核心的位置，并且与银行业绩紧密连接在一起。

　　回首过去十年，银行业在以客户为中心的理念上、各渠道的服务水平上、各流程的技术运用上都有长足的进步。但竞争如逆水行舟，不进则退。在移动互联网时代，传统银行业面临比以往更多的挑战，互联网金融创新日新月异，消费者需求多元化导致成本上升。面对挑战，作为资本最为雄厚的银行业，从不缺乏引进技术和人才的能力与财力，但却缺乏把以客户为中心的思维方式真正引入日常工作每一个细节的机制，更加难以快速改变传统以银行为中心的价值链式组织构架。

展望未来十年，中国银行业为那些真正以客户为中心，重视客户体验并且能够快速转型，借助客户体验创造价值和竞争力的银行提供了弯道超车的机会。这也许是一个最坏的时代，银行业面临比过去任何时候都更多的挑战、更多的竞争和更多的不确定性；这也许是一个最好的时代，银行业从未有如此多创新的理念、先进的技术和发展的机会；这必定是一个让中国银行家兴奋的时代，未来十年的激情与梦想，我们一起见证！

王开宇

尼尔森金融行业　总监

2015 年 7 月于北京